불안해 보여서
불안한 당신에게

불안해
보여서
불안한

당신에게

한창욱 지음

레몬북스
lemon books

입고갈수도, 벗고갈수도없는청춘의불안

"성숙함이란 불확실성을 인내할 수 있는 포용력이다."

미국의 교육학자 존 핀리의 말이다.

청춘은 불확실한 것들로 이뤄져 있다. 과연 이를 인내할 수 있는 사람이 얼마나 될까. 중년이나 노년이라면 몰라도 모든 것이 처음이고, 서투른 청춘에게 요구하는 것은 가혹한 일이다.

그렇다면 청춘은 왜 불안한 것일까?

여러 가지 이유가 있지만 일부 심리학자는 청춘의 불안을 애착 대상과의 격리에서 오는 '분리불안장애'에서 근원을 찾는다. 꼭 어머니나 아버지 같은 특정 인물에 대한 분리불안이라기보다는, 뇌가 성장하면서 친숙했던 세계와의 분리를 겪으며 찾아오는 장애라는 것이다.

신생아로 태어났을 때 인간의 뇌 용량은 350g 정도로 성인의 25%에 불과하다. 2년 동안 뇌는 급성장해 1000g에 달하고, 10세가 되면 95% 정도 수준이 된다. 그 뒤 뇌는 조금씩 성장하다가 사춘기를 지나면서 성인 뇌 무게인 1300g~1500g에 이른다. 20대가 되면 뇌 무게는 더 이상 늘어나지 않는다. 하지만 사용하기에 따라서 좌뇌와 우뇌를 연결하는 신경섬유망 '뇌량'은 계속 늘어난다. 30세가 넘어가면 뇌 세포가 하루에 10만 개에서 20만 개씩 죽고, 노인이 되면 뇌의 무게도 80~90% 정도로 줄어든다.

한마디로 인생에서 행복하고 좋았던 기억은 모두 30세 이전에 있다고 해도 과언이 아니다. 그러나 청년들은 그 시기에 따뜻하고 행복했던 모든 기억을 뒤로한 채 새로운 출발을 해야 한다. 정신적·경제적 독립을 해야 하고, 취업을 해야 하고, 결혼해서 가정을 꾸리고, 아이도 낳아야 한다. 정들었던 둥지에서 나와 한 번도 가본 적 없는 미지의 세계로 떠나는데 어찌 불안하지 않겠는가?

게다가 인간의 주된 감정인 두려움, 분노, 기쁨, 고통, 혐오, 놀라움 등으로 인해 인체에서는 도파민, 세로토닌, 아세틸콜린, 가바 등과 같은 신경전달물질이 분비된다. 청춘일 때는 이 또한 일정하지 않아서 기분이 좋을 때는 한없이 좋다가도, 불안에 한번 사로잡히면 좀처럼 헤어날 수 없다.

청춘이 당면한 현실은 또 어떠한가. 그리스 역사가인 헤로도토스의 명언은 요즘 젊은이들의 불안을 한 문장으로 대변한다.

"많은 지식을 가지고 있으나 아무런 힘도 없는 것, 이것이 인간들 사이에서 느끼는 가장 쓰라린 고통이다."

단군 이래 가장 뛰어난 스펙을 지닌 청년들의 좌절감은 바닥없는 우물처럼 암담하기만 하다. 걸음마를 시작할 때부터 성인이 될 때까지 부모의 아낌없는 지원 아래, 마치 경주마처럼 '약속된 땅'을 향해 앞만 보며 정신없이 달려왔다. 그러나 과학기술의 발달로 급변하는 현실 속에서 교육을 비롯한 여러 정책이 제대로 부응하지 못하면서 여기저기서 공든 탑이 와르르 무너지고 있는 실정이다. 실험적인 정책을 시도했던 자들은 바뀌고, 결국 그로 인한 피해는 청춘의 몫으로 남았다. 설상가상으로 코로나-19까지 기승을 부려서 취업시장은 말 그대로 바늘구멍이 되었고, 청춘의 불안은 한층 심화되었다.

부모를 실망시킬지 모른다는 불안, 친구들과 경쟁에서 뒤처질지 모른다는 불안, 결혼자금이 없어서 독신으로 살지도 모른다는 불안, 가난한 부모에게 손을 벌려야 할지도 모른다는 불안, 치매 걸린 부모를 길에다 버리게 될지도 모른다는 불안, 이른 나이에 실직해서 고시원을 전전하다 고독한 죽음을 맞을지도 모른다는 불안 등이 가뜩이나 불안한 청춘의 멱살을 잡고 거칠게 흔들어댄다.

어디에도 행복은 없다. 아니, 인터넷과 SNS에만 존재한다. 그 안에는 행복이 차고 넘친다. 부자 아빠, 아이돌 닮은 연인, 영혼의 분신 같은 친구들, 조각상 같은 몸매, 웃음이 넘쳐나는 가족 파티, 명품 옷과 가방, 정갈하면서도 고급스러운 음식, 여행지에서의 달콤한 휴식,

반짝거리는 에메랄드 빛 바다, 영화에나 나올 법한 외제 승용차, 수영장 딸린 저택…….

들여다보고 있으면 마치 다른 세상 같다. 아무렇지 않은 척 '좋아요'를 누르지만 상대적인 박탈감, 소외감이 찾아오고 결국 불안은 돌이킬 수 없는 병처럼 점점 깊어져만 간다.

이번 생은 정말 망한 걸까?

생명 있는 것들은 생존을 최우선으로 여긴다. 불안은 인류가 생존하는 데 있어서 일등공신이었다. 찬바람이 불기도 전에 식량을 저장해놓음으로써 혹한의 겨울을 넘길 수 있었고, 굴러떨어지는 작은 돌멩이에도 서둘러 대피했기에 산사태에 매몰되는 비극을 피할 수 있었다. 그러나 부작용 또한 만만치 않다. 불안이 심하면 브레이크 없는 자동차처럼 폭주하기 일쑤다.

최근 '불안장애'로 병원을 찾는 현대인들이 급증하고 있다. 특히 2~30대의 증가율이 높아서, 4명 중 1명이 '우울증 의심' 판정을 받는 것으로 나타났다.

불안은 '정상적 불안'과 '병적 불안'으로 나뉜다. 위협이나 갈등 상황에서 불안을 느낄 때 각성이나 예민성이 발휘되어 문제 해결에 도움이 된다면 '정상적 불안'이다. 그러나 불안 정도가 지나쳐서 오히려 문제 해결에 장애가 된다면 '병적 불안'이다.

미국 정신의학회에서 발행하는 정신진단 및 통계매뉴얼(DSM)의 제5차 개정판(DSM-5, 2013년)에는 불안장애를 공황장애, 광장 공포증, 특정 공포증, 사회불안 장애, 범불안 장애, 이별불안 장애, 선택적 함구증 등 7가지로 분류한다. 20세기 초만 해도 전문가들은 신경쇠약증을 정신장애의 근원으로 보았다. 그러다 1980년 제3차 개정판(DSM-3)에서 불안장애라는 공식 명칭이 등장했고, 그 뒤로 빠르게 확산되어 이제는 현대사회에서 가장 흔한 정신질환이 되었다.

현대인은 다른 종족의 기습이나 약탈, 맹수의 위협으로부터 벗어났지만 여전히 불안하다. 단지 대상이 바뀌었을 뿐 삶을 위협하는 것들은 도처에 깔려 있다. 특히 청춘의 불안은 '정상적 불안'과 '병적 불안' 사이에서 위태로운 줄타기를 하고 있다.

유독 청춘이 불안한 까닭은 소망하는 것들이 많기 때문이다. 소망을 감싸고 있는 것은 불안이다. 내가 소망하는 것들이 이루어지지 않을 수도 있다는 생각이 불안을 불러온다. 미래에 대한 소망이 없는 사람은 불안하지 않다. 별다른 고민 없이 닥치는 대로 하루하루를 살아가기만 하면 된다.

청춘은 꿈꾸고 소망한다. 그것은 즉, 소망을 감싸고 있는 무수한 불안과 함께 살아가고 있다는 의미이기도 하다. 젊은 날, 나 또한 많은 것을 소망했기에 청춘의 불안에 시달려야 했다. 내가 사랑하는 사람과 결혼하지 못할지도 모른다는 불안, 원하는 일을 하며 살지 못할지도 모른다는 불안, 좀처럼 해결되지 않는 경제적 불안으로 밤잠을 설쳐야 했다. 또, 자의식은 강한 반면에 대인관계가 미숙하다 보니 극심한 스트레스에 시달렸다.

술로 불안한 마음을 달래곤 했지만 그때뿐이었다. 불안이 점점 심해지자 대인기피증과 우울증 증세가 나타났다. 마음을 다스릴 방법을 찾다 보니 자연스레 뇌 과학이나 심리학, 대인관계술, 명상 등에 관심을 갖게 되었다. 세월이 흐르면서 생각하는 힘이 붙고, 불안에 대한 이해와 함께 불안을 다스리는 기술이나 노하우가 쌓이고, 뇌의 기능이나 신경전달물질 등에 대해서도 알고 나자 비로소 삶에 여유가 생겼다.

수시로 마음을 쥐락펴락하던 불안으로부터 벗어나자 세상이 달리 보였고, 그토록 홀가분할 수 없었다. 마치 태어날 때부터 씌워져 있던 운명의 굴레를 벗어던진 기분이었다.

청춘의 불안에 관심을 갖기 시작한 것은 10년 전부터였다. 메일이나 만남을 통해서 청춘들의 이런저런 고민에 귀를 기울이다 보니 힘들었던 지난날들이 떠올랐다.

청춘은 인생에서 가장 가치 있음에도 불구하고 제대로 된 대접을 받지 못한다. 청춘일 때는 모르고, 지나고 나서야 뒤늦게 그 가치를 깨닫기 때문이다. 찬란한 청춘을 온전히 누리는 사람은 소수에 불과하다. 대다수는 근심과 걱정 속에서 허망하게 흘려보낸다. 나 또한 그러했기에 불안한 청년들을 지켜보고 있으면 몹시 안타깝다.

우리 주변에서 불안에 사로잡힌 청춘을 발견하기란 어렵지 않다. 도서관에서 공부를 하다가 갑자기 머리를 감싸쥐고 혼잣말을 중얼거리거나, 학원가나 회사 인근 음식점에서 휴대폰을 들여다보며 혼자 점심을 먹고, 밤길을 홀로 배회하거나 왁자지껄한 선술집에서 혼술을 하고, 한강변에 쪼그리고 앉아 시꺼먼 강물을 오래도록 바라보고, 화장실에서 수돗물을 틀어놓고 소리 죽여 울기도 하는 청춘들.

내가 만났던 그들은 기대 이상으로 합리적이었으며, 온갖 불안 속에서도 자신의 생에 충실하고자 최선을 다하고 있었다. 나는 대화를 나누며 혹은 푸념을 들으며, 그들의 불안을 조금이라도 덜어줄 수 있기를 소망했다. 하지만 조언해주는 일은 조심스러웠다. 나 역시 불안장애에 시달리기는 했지만, 어쨌든 그 시기를 지나 '청춘의 숲'을 벗어난 방관자이기 때문이었다.

그러던 어느 날 서재에서 에밀리 E. 디킨슨의 〈만약 내가〉라는 시를 발견하였다.

> 만약 내가 어떤 이의 가슴앓이를 멈추게 할 수 있다면
> 나 헛되이 사는 것은 아니리
> 만약 내가 누군가의 아픔을 어루만져줄 수 있다면
> 고통을 잠시 멎게 할 수 있다면
> 혹은 지칠 대로 지쳐 있는 울새 한 마리를
> 둥지로 되돌아가게 할 수 있다면
> 나 헛되이 사는 것은 아니리

청춘의 시절, 미치도록 좋아했던 그녀의 시를 읽으며 비로소 용기를 낼 수 있었다. 만약 누군가 내 글을 읽고, 가슴에 얹혀 있는 크고 작은 불안 중 그 어느 것 하나라도 덜어낼 수 있다면, 그것으로 충분

하지 않겠는가.

들판에 나가면 지천으로 피어 있는 세 잎 클로버의 꽃말은 '행복'
이다. 이처럼 행복이란 발에 밟힐 정도로 흔하디 흔한 것이다. 그러
나 요즘 청춘들에게는 그 흔한 행복조차도 아득하기만 하다.

반면, 눈에 잘 띄지 않는 두 잎 클로버의 꽃말은 '이별'과 '눈물'이다.

이 땅의 청춘들이여, 삶이 두렵고 힘들더라도 너무 힘겨워하지 말
기를. 부정의 부정은 긍정이듯이, '눈물'이나 '이별'이 겹쳐지면 네 잎
클로버가 된다.

지금은 먼 나라 이야기 같겠지만 그대들이 흘린 눈물, 가슴 아픈
이별이 언젠가는 포개져서 행운으로 돌아오지 않겠는가.

한창욱

목차

PART 2 눈에 보이지 않는 것들

PART 3 흔들리는 자신감, 휘청거리는 자존감

PART 4   우리를 불안하게 하는 것들

PART 1

꽃은 바람에
흔들리며 핀다

세상에서 가장 중요한 일은 어떻게 하면
내가 완전히 나 자신의 주인이 될 수 있는지를 아는 것이다.

- 몽테뉴, 〈명상록〉

등장인물

지혜 취업 준비생 10명 중 4명이 공시생인 대한민국에서 5년째 9급 공무원을 준비하고 있다.

성진 지혜의 남자친구. 중소기업을 다니다 퇴사한 뒤, 4년 남짓 공기업을 준비했다. 결과가 신통치 않아서 포기의 갈림길에 서 있다.

은수 명문대를 졸업하고 대기업 경영지원팀에 근무하고 있다. '아싸'여서 대인관계를 비롯한 여러 가지 어려움을 겪고 있다.

대훈 지방 사립대를 졸업하고 은수와 같은 회사에서 해외영업팀 대리로 일하고 있다. 은수를 좋아하지만 학벌 콤플렉스 때문에 다가가지 못하고 먼발치에서 바라만 본다.

세상 모든 청춘들의 이름을 일일이 부를 수는 없으므로, 이 네 사람의 일상을 통해서 불안의 정체 그리고 그들이 느끼는 불안을 극복하는 기술 내지는 노하우를 들려주려 한다. 1장과 3장에는 지혜와 성진이 등장하고, 2장과 4장에는 은수와 대훈이 등장한다. 웹툰을 보듯이 1화부터 차례대로 읽어도 좋지만 목차를 훑어본 뒤, 자신에게 지금 필요한 이야기를 찾아 읽어도 무방하다. 방법이야 어떻든 이 책을 모두 읽고 나면 불안의 정체와 함께, 불안을 극복해내는 방법을 터득할 수 있으리라.

뜻대로 안 되는
것이 인생이다

지혜는 휴대폰으로 서울시 9급 공무원시험 합격 여부를 확인하고 참았던 숨을 길게 토해냈다. 서울시만 벌써 네 번째 불합격이었다. 국가직하고 지방직 시험까지 합치면 몇 차례나 떨어진 건지 셀 엄두조차 나지 않았다.

그만큼 떨어졌으면 익숙해질 법도 하건만, 예리한 칼날에 가슴을 벤 것처럼 저릿한 아픔만은 여전했다. 눈물이 날 것 같아 카페를 나섰다. 무작정 걷다 보니 남자친구 성진이 생각났다. 카톡을 열어 '탈'하고 메시지를 보내자 한동안 대답이 없다가 'ㅠㅠ' 하고 답장이 왔다. 예상했던 반응이었다. 울적한 마음에 휴대폰을 가방 안에 던지다시피 넣고선 걸음을 빨리 했다.

"어, 지혜야?"

광화문 지하보도를 내려가는 중에 누군가 지혜를 불렀다. '누구지? 낯익은 얼굴인데……' 유심히 보니 고등학교 동창 은수였다.

"와아, 오랜만이다! 이게 도대체 몇 광년 만이니?"

은수가 다가와 손을 붙잡았다.

지혜는 은수처럼 환하게 웃을 수 없었다. 은수에게는 오랜만일지 몰라도 지혜에게는 아니었다. 은수가 명문대에 입학한 것은 물론이고, 대기업에 취업한 사실까지 동창들로부터 귀에 못이 박이도록 전해 들었던 터였다. 지혜는 은수의 목에 걸린 반짝이는 사원증을 봤다. 이를 드러낸 채 환하게 웃고 있는 사진 속 은수의 모습에 지혜는 여러 생각이 들었다.

"너 무척 행복해 보인다."

"응? 그럼, 행복해! 모처럼 만났는데 차라도 마시러 갈까?"

"아, 미안! 내가 급히 가봐야 할 데가 있어서."

"어, 그래? 그럼 다음에 보자!"

은수가 아쉬워하며 붙잡은 손을 놓아주었다.

지혜는 버스를 타고 한강으로 향했다. 한여름이라 강물만 반짝이며 흐를 뿐 인적은 뜸했다. 다리 아래에 걸터앉아 맥주를 홀짝이다 보니 절로 한숨이 나왔다.

중학교 때부터였을까, 고등학교 때부터였을까?

인생은 내 뜻대로 흘러가지 않았다.

성적은 항상 부모님의 기대에도, 자신의 기대에도 미치지 못했다. 죽어라 공부했지만 성적은 제자리걸음이었고, 결국 목표했던 대학을 포기해야 했다. 마음을 다잡고 재수했으나 결과는 별반 달라지지 않았다. 명문대의 꿈은 인서울로 바뀌었다가 원서를 낼 무렵에는 수도권 대학으로 바뀌었다.

대학을 졸업한 이후 상황은 더 나빠졌다. 휴학 한 번 하지 않고 성실하게 대학 생활을 했건만 세상은 인정해주지 않았다. 자소서만 100장 넘게 썼지만, 야속하게도 서류전형 통과도 어려웠다. 가까스로 붙어도 인적성 시험을 통과해야 했고, 1차 면접, 2차 면접이 차례대로 기다리고 있었다. 심지어 일부 회사는 3차 면접까지 보기도 했다.

채용절차와 경쟁률을 들여다보고 있으면 '부자가 천국에 가기란 낙타가 바늘귀에 들어가기보다 어렵다'는 성경 구절이 떠올랐다.

거듭되는 실패에 지혜는 원점에서 다시 시작해보기로 결심하고 노량진으로 갔다. 9급 공무원은 2년만 죽어라 공부하면 합격할 수 있다는 말에 용기를 얻어, 노량진에서 숙식하며 공부에만 전념했다.

순식간에 1년이 지나고, 2년이 지나고, 3년이 지나갔다. 그러나 번번이 합격 문턱을 넘지 못했다.

"이번에 2점 차로 아깝게 떨어졌어"라고 말하면 부모님은 몹시 아쉬워했다. 그러나 친구들은 이렇게 말했다.

"점수는 비록 2점 차지만 네 앞에 있는 불합격자들을 한 줄로 세우면 아마 서울에서 수원까지는 될 걸."

경쟁률이 40대 1이 넘는 데다가 합격선 부근에 점수가 밀집되어 있으니, 다소 과장된 말이긴 해도 반박할 수는 없었다. 그리고 오늘, 또 한 번 탈락한 것이다.

'내 인생인데 왜 내 뜻대로 안 되는 걸까?'

지혜는 강 건너편의 건물 숲을 바라보았다. 건물 안에는 은수처럼 반짝이는 사원증을 목에 걸고 있는 사람들로 북적거리리라.

'부럽다! 나는 언제쯤 저기에 합류해서 사람답게 살 수 있을까?'

환영처럼 건물 앞에 길게 늘어선 줄이 보였다. 지혜는 자신이 끝도 없이 긴 줄의 끄트머리에 서 있는 것 같았다. 해는 점점 건물 저편으로 넘어가는데 앞줄은 줄어들지 않고, 오히려 뒤로 밀려나고 있는 것만 같은 더러운 기분이 들었다.

●　　●　　●

세상 모든 일이 내 뜻대로 술술 풀린다면 얼마나 좋을까?

그러나 세상은 내 뜻대로 흘러가지 않는다.

로마의 극작가 플라우투스는 "인생에서는 바라지 않는 일들이 간절히 바라는 일들보다 훨씬 더 자주 일어난다"고 했다. 중국 송나라 시대 시인인 방악은 "세상에는 내 뜻대로 되지 않는 일이 열에 여덟 아홉이고, 말이 통하는 사람도 두셋이 되지 않는다"고 했다.

청춘을 불안하게 하는 것들 중 하나는 기다리는 미래가 영영 오지 않을 수도 있다는 것이다. 터널 속을 부지런히 걸어가지만 시간이 흘러도 출구가 보이지 않으면, 불안감은 점점 커지고 절망감마저 고개를 치켜든다.

하지만 이렇게 생각해보자. 인생은 직선이 아닌 곡선이다. 눈에 보이는 것이 전부가 아니다. 지금은 비록 세상이 온통 캄캄하다 하더라도, 커브 길만 돌아서면 대낮처럼 환한 불빛이 쏟아지기도 하는 것이 인생이다. 따라서 아직 절망하기엔 이르다. "시간은 각양각색의 사람들에게 각양각색의 속도로 흘러간다"는 셰익스피어의 말처럼 각자의 시간이 다른 것뿐이다.

설령 도전이 실패로 끝나서 기다리는 미래가 끝내 오지 않아도, 그동안의 시간과 노력이 물거품이 되는 것은 아니다. 우리는 그 과정을 통해서 무언가를 얻어내기 때문이다.

인간의 뇌는 어떤 일을 단숨에 완성하는 능력은 떨어진다. 그러나 시행착오를 겪으며 일정한 규칙을 발견하고, 그것을 관리하는 능력만큼은 탁월하다. 즉, 실패를 통해서도 무언가를 얻어내고, 그것을 통해 마침내 목표를 달성하거나 다른 일을 해내는 데 중요한 밑거름으로 사용한다.

결과에 대한 지나친 집착은 삶을 불안하게 한다. 실패가 거듭되다

보면 다른 사람들은 성큼성큼 앞으로 나아가는데, 나만 허송세월을 보내고 있다는 자괴감에 빠지기 쉽다. 그렇다고 해서 제자리를 맴돌고 있는 것은 아니다. 세상을 향해서 조금씩 앞으로 나아가고 있는 중이다. 단지 환경이 바뀌지 않다 보니, 달라지는 게 없다고 느끼는 것뿐이다.

거듭되는 실패는 사람을 위축시키고 초라하게 만든다. 때로는 숨 한 번 크게 쉬는 것조차 힘들겠지만 도전을 멈추지 마라. 우리의 도전은 성공이나 실패와 무관하게 향후 더 나은 삶을 살아갈 수 있는 지혜를 제공한다.

인생이 뜻대로 안 될 때 불안을 가라앉히는 가장 좋은 방법은, 목표에서 잠깐 벗어나 여유를 가지는 것이다. 목표에 집중할 때는 시야가 좁아져서 눈앞의 것 외에는 보이지 않는다. 하지만 일단 목표에서 잠시 시선을 옮기면 주변 풍경이 눈에 들어온다. 모처럼 사람들을 만나거나 연락하는 것도 좋다. 그러나 상승 흐름을 타고 있는 그들을 보며, 자학하거나 초조해하지는 마라. 세상의 모든 불안은 내면 깊은 곳에서부터 시작된다. 의지가 약해지면 그 틈새로 실바람이 들어오고, 그대로 방치하면 이내 싹쓸바람으로 변해서 모든 것을 휩쓸어버린다.

최선을 다했다면 결과를 받아들여야 내 삶의 소중한 자산이 된다. 그래야 다음 단계로 넘어갈 수 있다. 설령 내가 신으로부터 받아야 할 선물을 다른 사람이 받았다 하더라도 실망하지 마라. 신은 나에게 줄 특별한 선물을 준비하는 중이다.

•   •   •

불안이 세력을 확장하기 전에

실패로 말미암아 흔들리고 비틀거리는 의지를 다잡아라.

의지가 바위처럼 확고하면 불안은 물거품처럼 사라진다.

불안, 그 까짓것 발로 차

공무원시험에 낙방한 뒤 지혜는 고시원에서 시체처럼 지냈다. 세상이 꼴도 보기 싫어서 베개에 얼굴을 묻고 엎드려 있었다. 누군가 손가락으로 쿡 찌르면 금방이라도 울음을 터뜨릴 것만 같았다.

'앞으로 어떻게 사냐?'

천장을 향해 돌아누웠다. 심장이 점점 빠르게 뛰면서 불안이 밤하늘의 유성처럼 쏟아져 내렸다.

'평생 취업도 못 하고, 결혼도 못 하는 거 아냐?'

부모님과 남동생, 남자친구 성진의 얼굴이 차례대로 떠올랐다. 갑자기 고시원이 밀폐된 유리병처럼 느껴졌다.

기분 전환이라도 할 겸 밖으로 나갔다. 세상은 눈부시게 찬란했다. 다들 행복하게 잘 살고 있는데 혼자만 패배자가 된 것 같은 기분이 들었다. 이리저리 터덜터덜 걷다가 고개를 들어보니 사주카페가 보였다. 입간판을 올려다보던 지혜는 '그래, 사주나 한번 봐보자' 하는 생각으로 후닥닥 뛰어 들어갔다.

사주풀이를 듣기 전에 체크리스트를 작성해야 했다. 지혜는 사주풀이를 원하는 항목에서 '취업'과 '연애'를 골라 체크한 뒤, 생년월일을 적어서 중년 여자인 점쟁이에게 내밀었다. 그녀는 만세력을 뒤적거리더니 새하얀 노트에다 사주팔자를 휘갈겨 썼다. 그리고 슬쩍 지혜의 표정을 살피는가 싶더니, 작심한 듯 안 좋은 소리를 늘어놓기 시작했다.

"삼재에다 아홉수야. 이무기가 승천하려고 해도 하늘이 뚫려야 하는데, 관운이 꽉 막혀 있어. 좋은 직장은 아예 기대하지 않는 게 좋아. 아무리 먹음직스러운 음식이 있으면 뭐 해, 그림의 떡인데!"

"네? 그럼 내년은요?"

"마찬가지야! 내후년까지는 눈을 낮춰야 해."

지혜는 머리가 지끈거리는 것 같아 잠시 창밖으로 시선을 돌렸다.

"삼재가 끝날 때까지는 몸만 바쁘지 소득이 없어. 빛 좋은 개살구지! 설상가상 애정운도 별로네, 애인과도 이별수가 있어. 마음속으로 어느 정도 정리된 상태라면 빨리 헤어지는 것도 나쁘지 않아! 질질 끌어봤자 서로 피곤하지 않겠어?"

고구마를 먹고 체한 듯 가슴이 턱 막혀 왔다. 끝났다며 점쟁이가 자리를 뜨자마자 눈에 그렁그렁 눈물이 맺히더니 후두두 떨어졌다. 속에서 온갖 설움이 복받치려는 것을 간신히 짓누르며 지혜는 눈물을 닦았다.

카페를 나서며 지갑에서 오천 원을 꺼내 내밀었다. 카운터 여직원이 잠시 의아한 눈길로 바라보다가, 또박또박 말했다.

"삼. 만. 원. 입니다."

"기분 풀려고 왔다가 기분만 더 나빠졌으니 커피 값만 드릴게요!"

사주풀이 할 때 듣고 있었는지 여직원이 곧바로 반발했다.

"그런 게 어디 있어요! 인생에서 좋은 일만 생기나요? 안 좋은 일도 생기잖아요! 사주풀이도 그런 거라고요!"

"아니, 남의 돈을 받아 처먹으려면 고객의 기분도 생각해야지, 솔직히 인생이 술술 풀릴 때 사주 보는 사람이 누가 있어요? 답답한 마음에 보러 왔으면 답답한 속이나 풀어줄 것이지, 지가 무슨 신의 사도라고 헛소리를 지껄여요, 제까짓 게 운명을 알면 얼마나 안다고!"

울고 싶은데 뺨 맞은 기분이었다. 지혜가 작정하고 목청을 높이자, 놀란 점쟁이가 한달음에 달려왔다.

"내가 거짓말이라도 해주길 바라세요? 그럴 바에는 부모님한테 가서 듣기 좋은 소리만 해달라고 하지, 왜 이런 데를 와!"

"누가 좋은 소리만 해달래요? 사주풀이도 정도껏 해야지! 3년 동안 좋은 일도 없고, 남자친구하고도 헤어질 거라고요? 그게 악담이지, 사주풀이예요! 가뜩이나 불안해 죽겠는데……."

지혜는 참았던 설움을 토해냈다. 그러나 종업원과 점쟁이도 좀처럼 물러서지 않았다. 한동안 입씨름하던 지혜는 결국 삼만 원을 집어던지다시피 하고는 카페를 나섰다.

분이 풀리지 않아서 씩씩대다가 남자친구인 성진에게 전화를 걸어 하소연했다. 화려한 리액션을 기대했건만 성진은 나무늘보처럼 맥 빠진 소리로 "그래?", "그랬구나"만 연발했다.

별것도 아닌 일로 혼자서 미친년처럼 방방 뛴 것 같아 기분이 더 나빠졌다. 괜히 전화했다는 후회가 밀려왔다. 화가 나서 끊으려는데 성진이 재빨리 물었다.

"지금 어디야?"

"여기? 우리 단골 분식집 근처."

"거기서 꼼짝 말고 기다려!"

한낮의 태양 볕은 끔찍했다. 조금이나마 더위를 피해보려 건물 층계에 걸터앉아 있으니, 성진이 아버지 차를 몰고 달려왔다. 차에 올라타자 곧바로 인근 중학교로 갔다.

"오빠, 여기는 왜?"

"내려! 내가 네 마음속의 불안, 발뒤꿈치 각질처럼 말끔히 제거해줄게."

여름방학이라 학교는 절간처럼 고요했다. 성진이 가방에서 배구공을 꺼내 들더니 매직으로 큼지막하게 '불안'이라고 썼다. 그런 다음 할로윈 때나 쓸 법한 스크림 마스크를 꺼내어 '걱정'이라고 썼다.

성진은 '걱정 마스크'를 쓴 다음 지혜를 축구골대 앞으로 데리고 갔다.

"현재 너의 가장 큰 불안은 뭐야?"

"취업! 내가 정말 공시에 합격할 수 있을까?"

"좋아! 이제부터 이 공은 취업에 대한 불안이야. 날 제치고 저 골대에다 넣어봐."

"저 골대는 뭔데?"

"불안을 잡아먹는 블랙홀!"

성진이 발아래 배구공을 떨어뜨렸다.

"오빠! 아스팔트에 계란 프라이 해도 될 것 같은 날씨에 이게 무슨 미친 짓이야!"

"그래? 그럼 하지 말까?"

성진이 빤히 바라보는 사이에 지혜는 잽싸게 배구공을 몰고 골대로 향했다. 뒤늦게 정신을 차린 성진이 두 팔을 벌리며 앞을 가로막았다.

"비켜, 비켜!"

"쉽게 비켜주면 걱정이 아니지!"

몸싸름 끝에 지혜는 가까스로 성진인지, 걱정인지를 따돌린 다음 골문을 향해 있는 힘껏 볼을 찼다. 공이 골대로 빨려 들어갔고, 그물이 철렁했다. 순간, 무언가 얹혀 있던 가슴이 뻥 뚫렸다.

성진은 고릴라처럼 목을 뒤로 척 붙이고는 마치 자기의 불안이 해소된 것처럼 좋아라하며 박수를 쳤다.

"아싸! 불안 하나는 해결했고, 다음 불안은?"

"돈! 나도 과연 악착같이 돈을 모아서 보란 듯이 살 수 있을까?"

"좋아, 시작해!"

성진이 다시 두 팔을 벌리고 앞을 가로막았다. 장신인 데다 삐쩍 말라서 마치 들판의 허수아비 같았다.

두 사람은 땡볕 아래서 1시간 넘게 '미친 짓'을 했다. '취업에 대한 불안'부터 시작해서 '돈에 대한 불안', '결혼에 대한 불안', '집 장만에 대한 불안', '친구보다 못 살지도 모른다는 불안', '눈가의 주름에 대한 불안', '건강 불안' 등등……. 지혜는 온몸이 땀으로 흠뻑 젖었지만 제 앞을 가로막는 걱정을 제치고, 온갖 불안을 블랙홀 속으로 차 넣고 나자 마음이 새털처럼 가벼워졌다.

지혜는 나무 그늘 아래 벌렁 드러누웠다. 성진이 전신주처럼 늘어진 그림자를 끌고 느릿느릿 운동장을 가로질러 가더니 콜라와 아이스크림을 사 왔다.

콜라를 한 모금 들이켜고 나서 성진에게 물었다.

"오빠, 근데 왜 배구공을 가져왔어? 집에 축구공도 있잖아?"

"어, 축구공은 딱딱해서 너 발 아플까봐."

"내 발 엄청 튼튼한데, 한번 차여볼래?"

"아니, 괜찮아."

푸흐흐 웃던 지혜와 성진은 달콤한 아이스크림을 핥으면서 햇볕이 쏟아지고 있는 운동장을 내려다보았다.

곰곰이 생각해보니 나쁘지 않은 인생이었다. 하소연하면 달려와서 불안감을 해소해주는 남자친구도 있고, 아홉수라고는 하지만 아직 서른도 안 된 나이였다.

지혜가 물었다.

"오빠, 우리도 세월이 지나면 뭐든 되어 있지 않을까?"

성진이 대답 대신 지혜의 아이스크림을 한입 덥석 베어 물었다. 지혜는 성진의 팔을 손바닥으로 툭 쳤다.

"오빠 꺼 먹어!"

●　●　●

당신의 불안은 어떤 형상을 하고 있는가?

진격의 거인처럼 전신이 털로 뒤덮인 데다 파란 불빛이 쏟아지는 형형한 눈빛, 흡혈귀를 닮은 어금니, 칼날처럼 날카로운 손톱을 갖고 있는가? 아니면 영화 〈사탄의 인형〉에 나오는 처키 같은 모습을 하고 있는가?

불안의 형상이 어떻든 간에 한 가지 분명한 것은 그 불안을 만든 사람은 바로 당신이라는 사실이다.

마음속에서 불안이 연기처럼 피어오르기 시작할 때 그대로 방치해두면 순식간에 몸을 부풀려 끔찍한 괴물이 된다.

불안할 때는 가만히 있는 것보다는 몸을 움직이는 것이 좋다. 불안 장애를 극복하는 손쉬운 비결 중 하나는 운동이다. 특히 유산소 운동은 뇌에 신선한 산소를 불어넣어줘서 불안을 몰아내고 평정심을 유지하는 데 특효약이다.

불안은 삶을 스스로 통제할 수 없을 때 증폭된다. 어떤 식으로든 삶을 통제하기 시작하면 불안의 크기는 점점 줄어든다. 평소에 삶을 통제하는 습관을 기를 필요가 있다. 만약 너무 바빠서 도저히 시간을 낼 수 없다면 하루에 운동장 한 바퀴만이라도 달려보자. 속도는 내가 낼 수 있는 만큼만 내면 된다. 그렇게 매일매일 꾸준히 달리면 불안을 극복하는 데 도움이 된다. 습관이 몸에 배면 운동하는 상상만으로도 불안한 마음을 어느 정도 달랠 수 있다.

인간은 누구나 미래를 예측할 수 있지만 누구도 진짜 미래를 알 순 없다. 변수가 워낙 많은 데다 변수가 하나만 있어도 결과가 시시각각 변하기 때문이다. 최선을 다했음에도 결과가 좋지 않을 때는 결과에 대한 집착을 내려놓을 필요가 있다.

"인생은 선로 위를 달리는 것이 아니다. 언제나 자신이 생각하는 방향으로 가지는 않는다."

영국 작가 윌리엄 보이드의 말처럼, 내가 생각했던 방향으로 인생이 흘러가지 않을지라도, 최선을 다해서 살아야 하는 것이 인생이다.

도전에 실패했다면 인정하고 결과를 겸허하게 받아들여라. 그런 다음 몸과 마음을 추슬러서 다시 시작하면 된다. 사소한 것일지라도 매일 꾸준히 실행하며 묵묵히 전진하라.

목표를 향해 전진하는 과정에서 밀려드는 불안은 길을 걷는데 갑자기 어디선가 날아온 축구공 같은 것이다. 그냥 발로 차버리면 된다.

● ● ●

불안, 그 까짓것 발로 차!

권태는 불안의 또 다른 얼굴이다

"오빠, 저녁 먹어!"

"건들지 마셔. 식욕도, 의욕도 실종이니까."

침대에 대자로 누운 성진이 중얼거렸다. 여동생 성연이 한심하다는 눈길로 내려다보다가 방문을 꽝 닫고 나갔다. 이어서 성연과 어머니의 목소리가 들려왔다.

"오빠, 식욕이 똥 누는 중이래!"

"뭔 소리야?"

"몰라! 아직 배가 덜 고픈가봐."

대학을 졸업한 지도 어느새 5년째였다. 성진은 졸업하던 해에 선배의 소개로 중소기업에 면접을 봤고, 얼떨결에 합격했다. 동기 중에서 가장 빠른 취업이었다.

기쁨은 잠깐이었다. 업무량은 가히 살인적이었다. 업무 체계가 없는 곳이라 잡다한 일부터 영업은 물론이고, 총무까지 도맡아야 했다. 밥 먹듯이 야근하고, 휴일도 반납한 채 정신없이 일했다. 그러나 야근 수당도, 특근 수당도 없었다. 기계처럼 일해도 연봉은 대기업 다니는 친구의 절반에 불과했다.

사장은 가족 같은 분위기를 장점으로 꼽았다. 성진은 처음에는 그러려니 했는데 이내 두 손, 두 발 다 들었다. 시시콜콜한 사생활까지 서로 공유하는 것도 싫었고, 회식을 하면 2차까지 의무적으로 가야 하는 것도 싫었다.

가장 견디기 힘들었던 건 과다한 업무도, 낮은 연봉도 아니었다. 전생의 원수를 만난 듯 사사건건 트집 잡는 상사였다. 시간이 지날수록 '도대체 무슨 부귀영화를 누리겠다고 계속 참고 다녀야 하는가?'라는 회의가 밀려들었다. 결국 성진은 사장의 만류에도 불구하고, 입사 1년 만에 사직서를 내던지고 뛰쳐나왔다.

사기업이라면 넌덜머리가 났다. 앞으로 뭘 해야 할까 고민하고 있던 차에 지혜가 공무원시험을 보겠다고 했다. '친구 따라 강남 간다'는 속담처럼 성진도 노량진으로 건너갔다. 그렇게 1년 남짓 죽어라 공부했지만 점수는 좀처럼 오르지 않았다. 지혜와는 달리 성진은 표적지 밖이었다. 합격 사정권에도 미치지 못했다.

재빨리 손절하고, 전공 시험은 보지 않고 NCS만 보는 공기업을 목표로 삼았다. 가산점을 주는 한국사, 컴활, KBS 한국어 능력시험 자격증을 딴 다음 NCS만 죽어라 공부했다. 그러나 공기업 또한 경쟁이 워낙 치열하다 보니 필기 합격조차 쉽지 않았다.

성진은 초등학교 4학년 때부터 육상을 했다. 단거리 선수로 뛰었는데 중학교에 입학하자 코치가 허들 선수로 종목을 바꿨다. 단지 성진이 키가 크다는 이유에서였다. 무수히 많은 허들을 땀을 뻘뻘 흘리며 뛰어넘었다. 그러나 메달의 벽은 끝내 넘지 못했다. 결국 성진은 중학교 3학년 전국체전을 끝으로 운동을 접었다.

근래 들어서 성진은 허들을 넘는 꿈을 자주 꾸었다. 아무리 높이 뛰어도 앞발이 허들에 걸려서 볼썽 사납게 넘어지는 꿈이었다.

'허들이 너무 높아!'

성진은 부끄러워서 어디론가 꼭꼭 숨고 싶었다.

"야! 얼른 일어나서 뛰어!"

감독의 외침에 성진은 두 귀를 틀어막았다.

"일어나!"

등짝 스매싱에 눈을 뜨니 여동생이었다.

"오빠 저녁 안 먹었다고 아빠가 치킨 사 왔어."

어느새 밤 10시였다. 아버지는 안방으로 들어갔는지 보이지 않았다. 성진은 거실 소파에 몸을 던졌다. 연속극을 보던 어머니가 닭다리를 쥐어주었다. 멍하니 TV를 보면서 치킨을 뜯다 보니 성연이 쯧쯧 혀를 찼다.

"인간아! 의욕도, 식욕도 실종됐다면서 치킨은 넘어가냐?"

정신을 차리고 보니 성진이 먹어 치운 뼈가 수북했다.

"어, 물처럼 넘어가네! 잠깐 실종된 사이에 목구멍 성능이 업그레이드 됐나뵈!"

"좋겠다, 인간아!"

성진은 치킨 상자 안에 흩어져 있는 부스러기를 모아 입안에 쓸어 넣고는, 우물거리며 방으로 돌아왔다. 다시 침대에 눕자, 또 아무것도 안 했는데 하루가 지나갔다는 진한 아쉬움이 밀려왔다. '쉬어도 쉰 것 같지가 않아. 뭘 하면서 보내야 헛헛한 마음이 채워질까?'

문득, 지혜는 뭐 하고 있을까 궁금해졌다. 카톡을 보내볼까 하다가 그만두었다. 손가락을 놀리기조차 귀찮았다.

●　●　●

권태에는 두 종류가 있다.

첫 번째는 우리가 흔히 말하는 싫증으로 인한 권태다. 염세주의자였던 쇼펜하우어가 『청춘 독설』에서 말했던 권태가 그것이다. 인간은 끊임없이 욕망을 추구하는 존재여서 하나의 욕망을 채우고 나면, 다음 목표를 발견하기 전까지 권태가 찾아온다는 것이다. 즉, 욕망이 채워져서 호기심이 모두 사라진 상태를 의미한다.

두 번째는 불안으로 인한 권태다. 욕망을 채우기 위해 달려가는 중 어느 날 갑자기 권태가 찾아왔다면 불안이 시작되었음을 의미한다. 사전적 의미로 권태는 '어떤 일이나 상태에 시들해져서 생기는 게으름이나 싫증'이다. 과거에는 권태에 빠져 있으면 게으름뱅이, 변덕쟁이, 의지박약 등으로 저평가했다. 그러나 뇌 과학이 발달한 현대에는 권태의 원인을 신경전달물질인 도파민의 부족 혹은 도파민의 지나친 분출로 인한 보상중추신경의 둔화로 해석한다. 권태가 장기화될 경우 우울증으로 이어질 수 있다.

욕망은 도전 의식을 고취시키고, 도전은 의욕을 불러와서 중추신경계에 도파민을 분비시킨다. 천연마약이라 불리는 도파민은 생존이나 번식 등에 유리한 행동을 했을 때 분비되는데, 실패가 거듭되면 의욕 상실로 더 이상 분비되지 않는다. 뇌가 무기력 상태에 있는 상황이 지속되면 심리학에서 말하는 '학습된 무기력'에 빠지게 된다. 취업이나 시험을 준비하는 과정에서 찾아온 권태는 잦은 실패로 인한 학습된 무기력에서 비롯했을 확률이 높다.

'열 번 찍어 안 넘어가는 나무는 없다'고 하지만 대여섯 번쯤 찍었는데도 꼼짝하지 않으면, 계속 찍어야 하나, 이쯤에서 포기하고 다른 나무를 찾아봐야 하나 고민하게 된다. 도끼를 움켜쥐고 다리를 지탱했던 에너지가 갑자기 뇌로 몰리면서 생각이 많아지는 것이다.

지금 우리의 삶은 복잡하다. 나무꾼은 몇 차례 도끼질을 하다가 안 되면 목표를 변경해서 다른 나무를 찾으면 된다. 그러나 우리의 목표 변경은 그리 간단하지 않다. 주변의 시선도 의식해야 하고, 현재 나이도 의식해야 하고, 목표를 이루는 데 걸리는 시간도 다시 계산해야 하고, 매몰비용과 기회비용은 물론이고, 현재가치와 미래가치까지 꼼꼼히 따져야 한다.

뇌는 단순명료한 것을 좋아한다. 자칫 판단을 잘못 내리면 미래가 바뀔 수도 있는 복잡한 문제를 굳이 떠안고 싶지 않다. 결국 뇌에서 보류 판정을 내리고 파업을 선택하면 권태가 찾아온다. 주변에서는 한창 공부하거나 일해야 할 나이에 무위도식한다고 손가락질하겠지만 그렇다고 마음마저 편한 것은 아니다.

이대로 포기할 수는 없는데 포기해야 할지도 모른다는 불안, 다시 마음을 다잡고 노력해봤자 결국 안 될 거라는 불안, 원하지 않는 일을 해야 할지도 모른다는 불안, 나중에 일찍 포기한 것을 후회할지도 모른다는 불안 등등이 뒤섞여서 팽팽한 힘겨루기를 하고 있는 상황인 것이다.

'아까운 청춘을 이렇게 흘려보내서는 안 된다.' 이는 누구보다 스스로가 잘 알고 있다. 그렇기 때문에 더더욱 양심의 가책을 느끼며 자학하게 된다. 스스로를 '벌레'나 '쓰레기'로 치부하기도 하고, 심한 우울증이 오면 자해를 하거나 자살이라는 극단적인 선택을 한다.

그러므로 우리는 권태를 슬기롭게 넘길 방법을 알아야 한다. 내 인생은 오로지 나의 것이다. 가족이나 타인의 시선을 과도하게 의식할 필요는 없다.

지금은 과도기요, 모색기다. 그동안 일직선으로 정신없이 질주해 오다가 갈림길에서 어디로 가야 할지 몰라 잠시 멈춰 서 있는 것뿐이다. 이쪽 길도 불안해 보이고, 저쪽 길도 불안해 보이기 때문에 결정을 내리지 못하고 있는 것이다.

가족 눈에는 한심해 보일지라도 적극적으로 쉬는 것도 하나의 방법이다. 여행을 가거나, 평소 해보고 싶던 일을 도전해보는 것도 좋다. 환경을 바꿔주면 뇌가 어떤 식으로든 결정을 내리는 데 도움이 된다. 충분한 휴식을 취하고 나면 자연스레 삶의 에너지가 축적된다. 그 에너지는 다시 달리고 싶은 의지, 새로운 일에 도전해보고 싶은 용기로 전환된다.

이 과정에서 우리 뇌에서 인체와 생각의 총지휘본부라고 할 수 있는 전두엽에 자극이 가고, 무기력으로 인해 보류해두었던 결정을 내리게 된다. 새로운 명령이 뇌 곳곳에 전달되면서 권태는 흔적도 없이 사라진다.

청춘은 피곤하다. 지금까지 자의든 타의든 치열한 경쟁 속에서 인생의 대부분을 살아오지 않았는가. 그동안 수없이 자빠지고 엎어졌지만, 상처를 치료할 여유도 없이 벌떡 일어나 숨 가쁘게 달려오지 않았는가.

삶이 지나치게 힘들게 느껴진다면

그건 지금 하는 일이 나의 능력 밖이거나 내가 원하는 인생이 아니기 때문이다.

쉴 수 있을 때 푹 쉬면서 또 다른 인생에 대해서 곰곰이 생각해 보는 것도 하나의 방법이다.

경쟁 심리가
불안을 증폭시킨다

성진은 지혜와 함께 재열의 공무원시험 합격 축하파티에 참석했다.

학창 시절에 재열은 축구선수였는데, 잦은 무릎 부상에 시달리다 고등학교 2학년 때 뒤늦게 공부로 방향을 돌렸다. 인수분해도 모르던 재열은, 성진과 함께 지방사립대에 입학했다. 학교축제 때 노래를 부르다가 교내 밴드동아리 보컬로 캐스팅 됐고, 졸업 후에도 밴드 활동을 한다며 보부상처럼 전국을 떠돌아다니더니, 2년 전에 불쑥 성진을 찾아와서 공시에 도전해보고 싶다고 했던 것이다.

"요즘은 개나 소나 다 공무원 한대!"

성진은 자신의 처참한 생활기를 들려주며 재열의 마음을 돌려보려고 했지만 소용없었다. 재열은 이미 마음을 먹은 것 같았다. 성진은 어쩔 수 없이 공무원계의 차세대 샛별이 되리라 믿어 의심치 않앴던 지혜를 불러 특강을 해줬다. 그때까지만 해도 재열 또한 기약 없는 고생길에 합류하게 될 줄 알았다. 그런데 불과 2년 만에 모세 뺨치는 기적이 일어났다. 축구와 노래밖에 몰랐던 재열이 시험에 합격한 것이다. 그것도 9급이 아닌, '하늘의 별 따기'라 불리는 관세직 7급이었다.

"마시고 죽자!"

지혜가 술잔을 부딪치며 비장하게 말했다. 이미 한계치인 소주 반 병을 넘긴 터라 얼굴은 붉다 못해 똥색이었다.

"적당히 마셔."

"오빠, 좋은 여자 만나 잘 살아. 나 먼저 갈게!"

지혜는 오랜 감금 생활에서 풀려난 디오니소스처럼 술을 아예 목구멍에 쏟아부었다.

"야, 빈속에 먹으면 몸 상해."

성진이 노릇노릇하게 구운 삼겹살을 지혜의 입안에 연신 밀어 넣었다.

"됐어, 오빠나 드세요! 어차피 죽을 건데 안주는 무슨…."

"먹고 죽은 귀신이 때깔도 곱대."

"씹기 귀찮아."

지혜가 매번 젓가락을 밀어냈지만 성진은 포기하지 않았다. 1차 술자리가 끝났을 때 지혜는 절인 파김치가 돼 있었다.

성진은 지혜를 들쳐 업고 식당을 나섰지만 마땅히 갈 데가 없었다. 엉망으로 취한 상태인 지혜를 부모님 집에 데려다주기도 그랬고, 고시원에다 혼자 눕혀놓기도 그랬다. 고시원에 가는 버스를 타려다가 아무래도 안 되겠다 싶어서 지혜네 집 쪽으로 방향을 틀었다.

가을바람이 휩쓸고 지나가자 마른 낙엽이 우수수 떨어졌다. 기분 때문일까. 올해는 유독 가을이 쓸쓸하게 느껴졌다. 그때 등에 대고 지혜가 뭐라고 중얼거렸다. 심하게 씹힌 발음이었지만 성진이 듣기엔 정확히 '나 좀 내려줘'라는 말이었다.

"왜?"

"으으…."

"속이 안 좋아? 에그 적당히 좀 마시지!"

성진이 내려주자마자 지혜는 쪼그리고 앉더니 먹은 것을 모두 토해냈다. 어렵사리 밀어 넣었던 노릇노릇한 삼겹살을 고스란히 게워내는 걸 보니 성진의 기분이 착잡했다.

"오빠, 왜 난 노력해도 안 돼?"

지혜가 눈물이 그렁그렁한 눈으로 물었다.

이럴 때는 뭐라고 해야 하는 걸까. 학교나 학원에서는 왜 이딴 건 안 가르치고 엉뚱한 것만 가르친 걸까. 성진이 답답한 마음에 허공을 올려다보며 한숨을 내쉬는데, 무릎에 고개를 묻은 지혜가 작은 목소리로 얘기했다.

"나도 토할 만큼 책을 돌려봤어. 페이지를 넘기면 그 뒤의 도표는 물론이고, 내용까지 머릿속에 훤해. 근데 왜 난 안 되는 거냐고! 왜!"

"어어? 안 돼!"

성진이 주저앉으려는 지혜를 재빨리 붙잡았지만 이미 늦은 뒤였다. 지혜는 자신의 토사물을 깔고 앉아 어린아이처럼 팔다리를 마구 휘저었다.

• • •

경쟁은 가뜩이나 불안한 마음을 더욱 불안하게 한다. 입시 위주의 교육 체제야 쉽게 바뀌지 않을 테니 고등학생 때까지는 어쩔 수 없다고 하더라도, 대학생이나 사회인이라면 타인과의 경쟁은 그만두는 것이 정신 건강에 이롭다. 타인과의 경쟁은 성공에 대한 갈망을 부르지만, 실패에 대한 불안감 또한 증폭시킨다. 분발하는 계기가 되는 동시에 극심한 스트레스를 동반하기도 한다.

세상은 평등해 보여도 결코 평등하지 않다. 특히 타고나는, 선천적인 재능 면에서는 그 차이가 심하다 못해 심각한 지경이다.

2014년, 세계적인 권위를 지닌 심리학 학술지 〈심리과학〉에도 노력이 재능을 뛰어넘을 수 없다는 연구 결과가 있다. 잭 햄브릭 미시간주립대학교 교수 연구팀이 진행한 연구에 따르면, 게임에서 선천적 재능이 차지하는 비율은 76%인 반면에 노력이 차지하는 비율은 24%에 불과하다고 한다. 이어서 음악은 21%, 스포츠는 18%, 학술

분야는 고작 4%로, 그간 노력이 재능을 이길 수 있다고 얘기해왔던 기존의 학설을 뒤집은 결과였다. 이솝 우화 〈토끼와 거북이〉처럼 거북이가 경주에서 토끼를 이기는 일은 현실에서는 결코 벌어질 수 없다는 의미다. 어떤 분야든 간에 선천적 재능이 없으면 대가가 될 확률은 희박하다는, 일종의 팩트 폭력이라 할 수 있다.

그렇다면 특별한 재능이 없는 사람이 성공하려면 어떻게 해야 할까?

먼저 나 자신부터 냉정하게 파악할 필요가 있다. 맨땅에 헤딩하기보다는 조기 교육을 받거나 그나마 가능성이 있는 분야, 노력을 통해서 꾸준히 실력을 쌓아갈 수 있는 환경이 갖춰져 있는 분야, 다수의 인재가 필요해서 비교적 진입장벽이 낮은 분야에 도전해야 한다.

또한, 스스로 선천적 재능이 부족하다고 판단되면 노력과 함께 그 이외의 스킬을 극대화해야 한다. 적성에 맞는 일을 찾고, 강력한 동기를 부여하고, 집중할 수 있는 환경을 조성하고, 나에게 잘 맞는 방식 등을 모색해봐야 한다.

뇌의 생물학적 성장은 대개 스무 살 전후에 멈춘다. 그 이후에는 어떤 생각을 하고, 어떤 공부를 얼마만큼 하느냐에 따라서 진화한다. 이때 선천적 재능이 있는 사람과 같은 출발선상에서, 똑같이 노력하고, 똑같은 스킬을 갖고 있다면 따라잡을 수 없다. 만약 그런 사람이 경쟁자라면 깨끗이 패배를 인정하는 편이 정신 건강에 이롭다.

'1등만 기억하는 더러운 세상'이라 하더라도 꼭 1등을 해야지만 그

세계에서 살아남는 것은 아니다. 어떤 분야든 전문가 집단을 살펴보면, 선천적 재능을 지닌 사람과 노력으로 부족한 재능을 극복해낸 사람이 섞여 있다.

목표로 하는 분야에서 선천적 재능이 부족하다는 사실을 인정하지 않고 경쟁 심리만 강하다면, 시간이 흐를수록 불안과 좌절은 점점 심해질 것이고, 결국 마음의 상처만 남게 된다.

한국인은 어려서부터 치열한 경쟁 속에서 성장한다. 경쟁은 분발의 계기가 되기도 하고, 나의 능력을 최대한 발휘하게 하는 등 긍정적인 측면도 적지 않다. 하지만 지나친 경쟁 심리는 오히려 나를 갉아먹는 독이 된다. 일찍부터 인생에 관심을 갖고 삶을 통찰해왔던 헤르만 헤세는 이렇게 충고한다.

"중요한 일은 지금 자기에게 부여된 길을 똑바로 나아가되, 그것을 다른 사람과 비교하지 않는 것이다."

습관처럼 몸에 밴 타인과의 경쟁심은 이제 그만 내려놓고, 자신과의 경쟁을 시작하라. 계획을 세워서 삶을 하나씩 통제해 나가라. 묵묵히 어제의 나와 경쟁하며 하루하루 살아가다 보면 언젠가는 목표를 이루게 된다.

어떤 분야든 최선을 다하면 그 과정에서 반드시 뭔가를 배우게 된다. 결과를 중시하는 사회 분위기다 보니 과정을 경시하는 경향이 있는데, 결과 못지않게 과정도 중요하다. 목표했던 일을 성공으로 매듭짓든지 실패로 끝맺든지 간에 인생은 계속된다. '어제보다 더 나은

나'가 되겠다는 마인드를 갖고서 나만의 속도로, 나만의 인생을 살아
갈 필요가 있다.

●　●　●

타인에 대한 습관적인 경쟁 심리, 그 덫으로부터 벗어나라.
비교하는 마음만 내려놓아도 불안은 한결 가벼워진다.

목표가 사라지면
불안이 찾아온다

"아차!"

성진은 번쩍 눈을 뜨며 휴대폰을 끌어당겼다. 시간을 확인하자 아침 8시가 지나 있었다.

"아, 망했다!"

7시에 지혜와 시립 도서관에서 만나 함께 공부하기로 한 첫날이었다. 부재중 전화가 다섯 통이나 와 있었다. 성진은 지혜에게 전화할까 하다가 이미 입실해서 공부 중일 것 같아서 카톡을 보냈다.

'미안. 잠 귀신에게 발목 잡힘. ㅜㅜㅜ'

지혜는 씹기로 작정했는지 대꾸가 없었다. 지금이라도 가자는 생각에 성진은 몸을 일으켰다. 화장실에 들어가 거울을 보니 머리카락이 새집처럼 엉겨붙어 있었다. 막상 머리를 감으려고 하니 귀찮았다.

'내가 무슨 영화를 누리겠다고!'

다시 방으로 돌아온 성진은 침대에 몸을 던졌다. 이불을 머리끝까지 뒤집어쓰고 잠을 청해보는데, '난 매번 왜 이럴까?' 하는 자괴감이 밀려왔다. 성진은 이불킥을 하다가 이내 모든 것을 운명으로 받아들이기로 했다. 그러자 다시금 전신이 노곤해지며 졸음이 쏟아졌다.

얼마나 지났을까. 전화 벨이 요란하게 울렸다. 지혜였다. 성진은 전화를 받을까 하다가 마음을 바꿨다. 구차한 변명만 늘어놓을 게 빤했다. 휴대폰을 베개 밑에 밀어 넣고는 두 눈을 질끈 감았다.

● ● ●

당장 해야 할 일을 뒤로 미루는 게으름도 불안에서 비롯한다.

성인이라면 게으름이 장기적으로 부정적인 결과를 가져올 거라는 사실을 알고 있다. 그럼에도 불구하고 눈앞의 게으름을 선택하는 까닭은 미래에 대한 확신이 없고 불안하기 때문이다. 게으른 사람이 잠을 많이 자는 것도 이와 무관하지 않다. 잠은 골치 아픈 문제와 불안으로부터 잠시나마 벗어나게 해주기 때문이다.

게으름을 피우는 사람은 자신이 막연하게 느끼는 불안이 쉽게 해결될 수 없다는 것을 의식적으로든 무의식적으로든 알고 있다. 그에 정면으로 부딪치기가 두려워 회피해버리는 것이다. 종일 미루고 미루다가 게으름을 피운 데 죄책감이 들면, 덜어내기 위한 방편으로 청소를 하거나 운동 등을 한다. 그러나 일시적인 기분 전환일 뿐 근본적인 해결책은 아니어서 불안감은 점점 더 커진다. 집에서 빈둥거리던 사람이 사소한 일로 화를 버럭 낸다면, 이는 게으름으로 불안이 증폭돼 극심한 스트레스를 받고 있다는 반증이다.

　뇌는 게으름을 선호하는 경향이 있다. 변화보다는 안정을 좋아하고, 미래의 행복보다는 현재의 행복을 우선시한다. 게으름의 늪에 한번 발을 들이면 쉽게 못 빠져나오는 이유도 이 때문이다. 게으름을 방치하게 되면 잠재된 불안감이 점점 커져서 급기야 우울증으로 이어지기도 한다.

　"고통받기를 두려워하는 자는 두려움 때문에 고통받는다"는 프랑스 속담이 있다. 게으름이 장기화되기 전에 불안의 실체와 맞부딪치는 것이 현명하다. 혼자서 맞부딪칠 자신이 없다면 전문가와 상담하거나 가까운 사람과의 대화를 통해서 불안의 실체를 확인하는 것도 방법이다.

● ● ●

어떤 불안이든 막상 부딪쳐보면
생각했던 것만큼 두렵지 않다.

꽂이 잡념이라면
뿌리는 불안이다

'집중! 글자를 모조리 씹어 먹을 거야!'

지혜는 한국사 책을 펼쳐놓고 눈을 부릅떴다. 그러나 머릿속에는 물과 섞이지 못한 기름처럼, 온갖 잡다한 사건들이 둥둥 떠다녔다.

시험장에서 잠깐 착각에 빠져 오답을 체크하던 때가 떠오르는가 하면, 불쑥 거실에서 밤늦게 혼자 소주를 마시던 아버지의 굽은 등이나 재열의 합격 축하파티에서 술주정을 부리던 순간이 떠오르기도 했다.

'그만……!'

마음과는 반대로 점점 생각이 뒤덮이기 시작했다. 카센터에서 일하는 남동생의 기름때 묻은 작업복 소매와 성진이 자신의 티셔츠를 벗어서 엉덩이에 묻은 토사물을 닦아주고, 추위에 바들바들 떨며

집까지 데려다줬던 일 등등이 떠올랐다. 필사적으로 머리를 흔들어 봤지만 소용없었다. 손에 손을 잡고 강강술래 하듯 잡념이 머릿속을 맴돌았다.

그러다 문득, 맞은편 남학생의 손에서 빙글빙글 돌아가고 있는 볼펜이 눈에 들어왔다. 그는 한 손으로 턱을 괸 채 눈으로 책을 읽으며, 다른 한 손으로 연신 볼펜을 돌리고 있었다. 보고 있으니 뇌가 볼펜을 따라서 빙그르르 회전하는 것만 같은 기분이 들었다. 지혜는 당장 볼펜을 빼앗아서 창밖으로 던져버리고 싶은 마음을 꾹 참으며, 그쪽은 아예 보지 않으려고 고개를 푹 숙였다. 하지만 이미 머릿속에서 볼펜이 돌아가기 시작했다.

집중하자고 아무리 되뇌어봐도 볼펜은 머릿속에서 떠날 생각이 없는 듯 멈추지 않고 계속 돌아갔다. 도저히 안 되겠다는 생각이 들자 지혜는 벌떡 일어나 화장실로 달려갔다. 찬물로 세수를 하고, 머리를 질끈 올려 묶은 뒤 다시 책상 앞에 앉았다. 그런데 몇 글자나 읽었을까, 스멀스멀 다시금 잡생각이 고개를 드는 것 같았다.

'잡념아, 도대체 나한테 왜 이래? 여유 있는 사람도 많은데 왜 하필 시간에 쫓기는 나한테 와서 치근대!'

결국 두 손으로 머리카락을 쥐어뜯는 지혜였다.

●　●　●

　인간은 잡념과 함께 살아가는 동물이다. 뇌의 구조상 잡념이 없을
수가 없다. 우리가 잘 때 꾸는 꿈 또한 잡념의 일종이다.

　잡념은 대부분 나와 밀접한 관련이 있다. 물론 단순한 호기심에 의
해서 생성된 것도 있지만 이런 것들은 스쳐 지나가듯 이내 사라진
다. 문제는 쉽게 사라지지 않는 잡념이다. 이 중에는 성적 충동 같은
본능적인 축에 속하는 것도 있지만 대부분은 나의 의사결정이나 태
도에서 비롯한, 인지부조화로 인해 생성된 것들이다. 그 속에는 이런
저런 불안한 마음이 숨겨져 있다.

　뇌는 나 자신을 지키는 것이 우선순위이므로, 인간관계를 통한 말
과 행동 그리고 심리에 대한 정보를 수집해서 수시로 피드백을 보낸
다. 이때 가치관과 현실 상황의 갭으로 인해 인지부조화가 일어나면

잡념으로 나타난다. 또, 불안을 해소하기 위한 일환으로 생각과 행동을 자기 합리화하기도 한다.

성격으로 빚어지는 세계와의 불협화음, 현실에 대한 불만과 미래에 대한 불안 등을 전두엽에서 제거하지 않으면 머릿속을 괴롭히는 잡념이 되는 것이다.

나쁜 의도로 한 말은 아닌데 상처가 되지는 않았을까, 뒤탈 없는 돈이라고는 하지만 정말 받아도 괜찮은 걸까, 부장이 과장을 회의실로 불러 버럭 화를 낸 것은 나 때문이 아닐까, 서른이 다 된 놈이 부모님에게 용돈이나 타 쓰며 살아도 괜찮을 걸까 등등……. 소심한 사람일수록, 완벽주의자일수록, 자의식이 강할수록, 현재의 삶이 불만족스러울수록, 미래가 불안할수록 잦은 잡념에 시달린다. 갑자기 건강이 나빠지거나 스트레스가 심해지면 집중력이 떨어지면서 잡념이 밀려오기도 한다.

왕성한 호기심도 잡념을 불러오지만 호기심 부족도 잡념을 불러오는 요인 중 하나다. 삶에 특별한 변화는 없는데 근래 들어서 잡념이 많아졌다면 학습법이나 일하는 방식을 바꿔볼 필요가 있다. 뇌가 타성에 젖어서 흥미를 느끼지 못하기 때문일 수 있다.

잡념은 쫓아내려 하면 할수록 들러붙는다. 차라리 잡념이 스스로 사라질 때까지 느긋하게 기다리는 것도 방법이다. 잡념을 다스리는 다양한 방법 중에서 다음의 다섯 가지를 추천한다.

하나, 강력한 동기 부여를 한다.

벼랑 끝에 선 듯 마감 시간이 촉박해지면 집중력이 높아지는데, 절박감 자체가 동기 부여이기 때문이다. 생존을 우선시하는 뇌에게는 불안보다 '꼭 해야만 한다!'는 절박감이 우선순위다.

둘, 작은 목표를 세운다.

막상 발등에 불이 떨어지면 그 불을 끄느라 다른 걸 생각할 여유가 없다. 공부 중에 찾아오는 잡념을 물리치기 위해서는 먼저 30분 동안 공부할 양을 정해라. 그런 다음 타임워치를 켠 뒤 목표를 달성하기 위해 집중하다 보면 잡념이 사라진다.

셋, 잡념에서 벗어날 수 있는 루틴을 만든다.

손목에 고무줄을 차고 있다가 잡념이 떠오르면 튕겨서 손목에 자극을 줘서 주의를 돌리거나, 잡념 쓰레기통을 만들어서 잡념이 떠오를 때마다 종이를 찢어서 그 안에 넣거나, 잠시 산책하면서 심호흡을 하거나, 커피를 마시며 마음을 추스르거나, 아무 생각 없이 하늘을 보거나, 머릿속으로 동기 부여를 할 수 있는 영상을 떠올리거나, 잔잔한 음악을 한 곡 듣는 것도 방법이다.

넷, 명상을 한다.

잡념이 계속 떠오를 때는 눈을 감고서 들숨과 날숨에 집중해보자.

처음 보는 사람이 치근댈 때 대꾸하지 않으면 제풀에 물러나듯이 잡념도 마찬가지다. 머릿속에서 온갖 잡념이 피고 지는 꽃처럼 일어났다, 사라지기를 반복하는 동안 호흡에 신경을 집중하다 보면 스르르 사라진다.

다섯, 잡념 일기를 쓴다.

걱정이 많은 사람에게 효과적인 방법이다. 잡념이 떠오를 때마다 밀쳐놓았다가 잠들기 전에 잡념 일기를 쓴다. 한 번에 몰아서 머릿속에 떠오르는 온갖 잡념을 정리하고 나면 머릿속이 한결 개운해진다.

● ● ●

꽃이 잡념이라면 뿌리는 불안이다.

오랜 세월 명상을 하면 마음이 평화로운 까닭은 잡념을 다스리는 기술을 깨우치고, 근본적인 원인인 불안 그 자체를 이해하기 때문이다.

내 안의 불안을 이해하는 과정은 쉽지 않다. 하지만 불안의 정체를 정확히 알아야 대처 방법을 찾을 수 있다. 이제부터 나 자신을 고요히 마주하는 것으로 지긋지긋한 불안에서 벗어나보자.

꿈에서 멀어지면
불안해진다

지혜가 떡볶이를 한 입 베어 물며 물었다.

"오빠는 뭐가 되고 싶어?"

"글쎄?"

성진은 포크를 내려놓고 곰곰이 생각해봤다.

초등학교 때 꿈은 우주 비행사였다. 중학교 때는 우사인 볼트처럼 세계적인 육상 선수가 꿈이었다. 현실감이 생기기 시작한 고등학교 때는 사범대학교에 입학해서 '키다리 국어 선생님'이 되는 것이 꿈이었다.

대학 졸업 후 직장에 다닐 때는 성공한 사업가를, 공무원시험을 준비할 때는 고위 공무원을, 공기업 입사를 준비할 때는 공기업 사장을 꿈꿨다. 그러나 거듭되는 실패로 인해서 지금은 아예 꿈이 없는 상태였다.

"모르겠어. 너는?"

"난 9급 공무원!"

지혜는 한 치의 망설임도 없이 대답했다. 성진은 고위 공무원도 아
닌, 9급 공무원이라고 당당히 밝히는 지혜가 내심 부러웠다.

"아무래도 난 전생에 하루살이였나봐. 꿈은커녕 하루하루 버티기
도 힘들어."

"나도 그래!"

지혜는 잠시 자신의 낡은 가방을 힐끗 쳐다보곤 긴 한숨을 내쉬었
다. 성진이 물었다.

"넌 내가 어떤 사람이 됐으면 좋겠어?"

"음… 방탄소년단?"

"떡볶이나 먹자!"

성진은 분식집 창밖을 내다보았다. 구름 한 점 없는 청명한 날이
었다.

잠시 '10년 뒤에 나는 어떤 사람이 되어 있을까?'를 상상해봤다.
머릿속에 뚜렷하게 그려지는 그림이 없었다. 갑자기 사는 게 슬퍼
졌다.

●　　●　　●

명확한 목표 의식을 갖고 살아야 하는 이유에 대한 몇 가지 연구 결과가 있다.

1953년 예일대 졸업생을 대상으로 한 연구 결과를 살펴보면, 과거에 인생의 구체적인 목표와 계획을 글로 써 놓은 3%의 사람들이 그렇지 않았던 97%의 사람들보다 20년 뒤 훨씬 더 큰 경제적 성공을 거두었다.

1979년에 하버드 경영대학원 졸업생을 대상으로 한 설문조사 결과도 비슷했다. 10년 후 조사해보니 목표는 있지만 기록해두지 않았던 13%는, 뚜렷한 목표가 없었던 84%보다 평균 소득이 2배 이상 높았다. 더욱이 종이에 구체적으로 기록할 만큼 목표가 뚜렷했던 3%는 목표를 기록해두지 않았던 13%보다 평균 소득이 무려 10배 이상 높았다.

어떻게 이런 일들이 가능할까?

우리는 말이든 글이든 자신의 생각을 밖으로 표출하는 순간, 일종의 책임 의식을 갖게 된다. 주변에 공개적으로 자신의 결심을 밝히면 실행력과 완성도가 높아지는 현상을 심리학에서는 '떠벌림 효과(Profess Effect)'라고 하는데, 일목요연하게 생각을 정리해서 한 말이나 무심결에 내뱉은 말이나 일종의 책임 의식이 부여되기 때문이다. 말이 씨가 되고, 상상이 현실이 된다는 말처럼 말이다.

우리는 자발적인 '꿈꾸기'보다는 '꿈 = 성공'이라는 인식하에 일관

된 꿈을 강요하는 사회 분위기 속에서 살아왔다. 그래서 부모는 자식의 꿈이 판검사나 변호사, 의사, 정치가, 과학자, 사업가 등과 같은 성공한 사회인이기를 바란다. 모두가 성공할 수 있다면 얼마나 좋겠는가. 야속하게도 사회계층구조는 피라미드형이다. 상위층은 소수만이 차지할 뿐이다. 이 현실 속에서 학창 시절의 꿈이란 백일몽처럼 느껴질 수밖에 없다.

대학을 졸업하고 직장 생활에 적응하려다 보면 뭔가를 곰곰이 생각할 겨를조차 없다. 시계추처럼 집과 회사를 오가는 날만이 반복된다. 그러다 어느 날 문득, 꿈이 사라져버린 현실의 민낯과 대면하게 되면 근본적인 물음에 닿는다.

'이렇게 살아도 괜찮은 걸까?'

그렇게 결국 '꿈의 실종 = 실패한 인생'으로 받아들이게 되는 것이다. 남들 보기에는 평범한 일상을 보내는 것 같아도 그 안에서 내 삶인데, 내 통제권에서 벗어났다는 불안감이 점점 몸집을 키워 나가고 있는 것이다.

학창 시절에는 성공을 위한 꿈을 꾸었다 하더라도 사회인이라면 행복을 위한 꿈을 꿀 필요가 있다. 물론 성공을 통해서 행복해질 수 있다면 더할 나위 없다. 학교를 졸업했지만 여전히 그 꿈이 유효하다거나 또 다른 꿈이 생겼다면, 그 자체로 행복한 삶이라 할 수 있다. 그러나 언제부터인지 꿈이 사라져버렸거나 이룰 수 없는 망상에 가깝다고 판단된다면, 성공이 아닌 행복을 위한 꿈을 꾸어야 할 때다. 예를 들어, '가족여행', '나를 위한 선물하기', '자전거로 출퇴근하기' 등과 같은 현실적인 꿈은 삶의 또 다른 활력이 된다.

『폼페이 최후의 날』을 쓴 영국의 소설가이자 정치가였던 에드워드 불워 리턴은 이렇게 말했다.

"시련이 인생의 소금이라면 희망과 꿈은 인생의 사탕이다. 꿈이 없다면 인생은 쓰다."

삶이 힘겨울 때는 꿈꾸는 것조차 사치처럼 느껴진다. 비록 한 치 앞이 보이지 않을지라도 꿈꾸기를 포기해서는 안 된다.

●　●　●

꿈을 꾸어야만 삶을 통제할 수 있고, 불안을 극복할 수 있다. 더 나아가 현재의 슬픔과 고독을 딛고 일어서 행복을 누릴 수 있다.

재능이 없다고
불안해하지 마라

'뭘 해야 등골 브레이커에서 벗어날 수 있을까?'

성진은 거울을 보며 자문했다. 지혜와 꿈에 대한 이야기를 나눈 뒤로 '나는 뭘 잘할까?'에 대해서 곰곰이 생각해봤다. 기억을 더듬어봐도 특별히 잘하는 게 없었다.

그나마 잘하는 거라면 한때 선수 생활을 했던 달리기였다. 그러나 실업 선수로 뛰기에는 실력이 부족했다. 그렇다고 공부머리가 있는 것도 아니고, 남다른 끼가 있는 것도 아니고, 특출나게 잘생긴 것도 아니었다. 파워 블로거가 되고 싶어도 글솜씨도 부족했고, 유튜버가 되고 싶어도 시선을 끌 만한 특별한 재능이 없었다.

성연이 과일접시를 들고 방으로 들어왔다.

"거울 보며 뭐 해? 설마 그 얼굴에 나르시즘?"

"됐고, 네가 볼 때는 내 재능이 뭔 거 같아?"

"웬 재능?"

"진지하게 묻는 거야."

"음, 용돈 타내는 기술?"

"나가!"

성연은 과일접시도 내려놓지 않고 방문을 꽝 닫고 그대로 나갔다.

"이번 생은 정말 가망 없는 걸까?"

성진은 침대에 벌렁 누웠다. 여러 분야에서 자신의 재능을 십분 발휘하며 살아가는 친구들의 얼굴이 하나둘 떠올랐다.

모래사막에 홀로 서서 서서히 다가오는 모래폭풍을 보고 있는 것만 같은 기분이 들었다.

● ● ●

꿈을 실현하기란 쉽지 않다. 배우나 기자가 꿈이라고 하더라도 수능 성적이 잘 나오면 너나 할 것 없이 의대, 치대, 한의대 등을 권하는 것이 현실이다.

『직업의 종말』의 저자이자 비즈니스 컨설턴트인 테일러 피어슨은, 세상의 변화로 기존 직업은 종말을 앞두고 있다며 앙트레프레너(Entrepreneur), 즉 창업가나 사업가를 새로운 직업으로 권했다. 현재 직업에 안주하다가는 머잖아 부활절의 칠면조 신세가 될 테니 자신만의 사업을 통해 돈과 자유와 의미를 찾으라는 것이다. 미국에서는 산업구조의 변화, 과학기술과 기계의 발달로 인해 기존의 일자리는 줄어들고, 소액으로도 창업할 수 있는 환경이 갖춰지고 있는 추세다. 하지만 한국의 현실은 어떠한가?

정부의 지원에도 불구하고 청춘들 사이에서 벤처 열풍이 불기는 커녕 전문직, 교직, 공무원, 국영기업과 같은 몇 안 되는 안정된 일자리에 몰리고 있다. 위험회피 현상이 청년들 사이에 만연해 있기 때문이다. 이러한 우리나라의 현실에 대해 투자의 귀재라 불리는 짐 로저스가 우려를 표명할 정도다. 그러나 안정적인 직업을 선호하는 현상을 '도전 정신 부족'으로 볼 수는 없다. 전문직이나 공무원이 되기 위해서도 합격의 관문을 통과할 때까지 창업 못지않은 리스크를 감수해야 한다.

양질의 일자리가 부족하다고 해도 '공부머리'가 좋거나 '끈기'가 있는 사람들은 어떻게든 자신의 자리를 확보한다. 문제는 이도 저도 아닌 나머지 사람들이다. 적잖은 돈과 시간을 투자해서 고등교육을 받았건만 들어갈 수 있는 곳에서는 별다른 지식이 필요치 않다. 주로 단순노동이다 보니 근무조건이 좋을 리도 없다. 취업을 하긴 해야 하는데, 주위의 기대와 스스로의 노력을 생각하면 아무 곳이나 들어갈 수는 없잖은가.

"뿔이 없으면 날카로운 이빨이 있고, 다리가 두 개뿐이면 날개라도 있기 마련인데, 왜 나는 뿔도 없고, 날카로운 이빨도 없고, 날개도 없는 걸까? 어떻게 살아가라고."

구직 기간이 길어질수록 청춘의 불안은 점점 더 커질 수밖에 없다. 그나마 한 가지 위안이 되는 건 이와 같은 문제로 힘들어 하는 사람이 나 혼자만이 아니라는 것이다.

하루는 소설가가 꿈이라는 대학 후배가 찾아와서 눈물을 펑펑 쏟았다. 소설 창작 시간에 단편소설을 발표했다가 온갖 악평을 들었다고 했다.

"아무래도 다른 일을 찾아봐야겠죠?"

그가 스스로 내린 최종 진단은 '재능 없음'이었다. 고등학교 1학년 때부터 틈틈이 글을 써 왔다는 그는, 대학 졸업반이 되어서야 비로소 자신에게 재능이 없다는 사실을 깨달았다. 소설가가 된다한들 경제적으로 안정적인 삶을 누리기는 힘들 테지만 그래도 그 꿈 하나로 지금까지 버텨왔다고 했다. 앞으로 그 꿈 없이 살아갈 날을 생각하니 불안해서 잠도 오지 않는다는 것이다.

재능이 없다면 한탄만 하지 말고 인식을 전환할 필요가 있다. 글을 쓰고 싶다면 굳이 소설만 고집할 이유는 없다. 소설에 자질이 없다고 푸념하던 후배는 유명 드라마작가가 되었고, 일찍이 문장력이 없음을 깨닫고 묵묵히 직장 생활을 하던 동기는 사회경험을 살려서 웹소설 작가가 되었다.

일머리가 없어서 과장이 되기 전에 잘릴 거라고 걱정하던 선배는 자신이 그나마 잘하는 '인사하기'와 '경청하기'를 최대한 살려서, 사장이 가장 신임하는 임원이 되었다.

융합과 복합의 시대다. 한 가지를 특출나게 잘하지 못하더라도, 적당히 잘하는 것 두세 가지를 합치면 그 능력이나 가치를 인정받을 수 있다. 인식을 전환하면 여러 가지 길이 있다. 미술이라고 해서 반드시 캔버스에 물감을 이용해서 그림을 그리라는 법은 없다. 조금만 응용하면 새로운 형태의 작품을 창작할 수 있듯이, 독창성을 살리면 나만의 세계를 구축할 수 있는 길이 얼마든지 열려 있다.

청춘들과 이런저런 이야기를 나누다 보면 꼭 이런 사람이 있다.

"저는 진짜 잘하는 게 아무것도 없어요! 도무지 뭘 하며 살아야 할지 모르겠어요."

잘하는 것이 아무것도 없다면 하고 싶은 일부터 먼저 찾아야 한다. 관심 없는 분야보다는 좋아하는 분야에 뛰어들어야 열정을 불사를 수 있다.

재능은 타고나기도 하지만 후천적으로 개발되기도 한다. 처음에는 낯설고 어색할지라도 수없이 반복하다 보면 뇌에 관련 세포들이 생성되고, 익숙해지면 점점 처리 속도도 빨라져서, 남보다 특출난 솜씨를 발휘할 수 있다.

●　　●　　●

재능이 없다고 불안에 떨지 마라.
뜻이 있는 곳에 길이 있기 마련이다.
의지와 열정만 있다면 인식의 전환을 통해서든
무수한 반복을 통해서든 나만의 미래를 열어갈 수 있다.

마음이 불안할 때는
눈치를 본다

아버지는 백세시대에 무슨 환갑잔치냐고 조용히 넘어가자고 했다. 어머니는 '그래도 환갑'이라며 음식점을 예약했다. 친인척들을 불러서 간단한 저녁 식사를 하는 자리였다. 지혜는 고시원에서 공부를 하다가 자식 된 도리를 생각해서 참석을 결정했다. 그러나 그 결정을 후회하기까지 10분도 채 걸리지 않았다.

"아, 이거! 우리 다연이가 대리 승진 기념으로 사 준 거야. 개가 집에서는 무뚝뚝하고 게을러 터졌는데, 밖에서는 싹싹한 데다 바지런한가봐. 동기들 중에서도 가장 먼저 승진했잖아!"

큰어머니가 선물받은 가방을 보여주며 동갑내기 다연의 자랑을 늘어놓았다. 지혜는 엄마의 표정을 슬쩍 살피고는 재빨리 고개를 떨궜다. 연신 고기를 뒤집고 있는데, 옆자리에 앉은 남동생 지호의 시선이 느껴졌다.

"철우는 귀국한 지 석 달밖에 안 됐는데, 다음 주에 또 뉴질랜드로 파견 나가! 사운이 걸린 중요한 공사라서 철우가 꼭 있어야 된다나."

큰어머니가 포문을 열자, 이에 질세라 외삼촌이 이어받았다.

지혜는 이번에는 아빠를 돌아보았다. 입가에 인자한 미소를 짓고 있었지만 바람이라도 불면 금방이라도 꺼져버릴 것만 같았다.

고기를 몇 점 먹지도 않는데 체한 듯 명치끝이 아파왔다. 지혜는 타이밍을 보다가 화장실에 가는 척 음식점을 나왔다. 건물을 막 벗어나려는데 등 뒤에서 지호의 목소리가 들려왔다.

"왜 벌써 가? 더 먹고 가!"

"많이 먹었어."

"누나, 그거 알아?"

"뭐?"

"오늘 누나답지 않았어."

"내가 뭐?"

"무슨 죄지은 사람처럼 엄마, 아빠 눈치만 보고. 누나가 잘못한 거 없잖아?"

"누가 뭐래? 미친놈!"

지혜는 아무렇지도 않은 척, 홱 돌아서서 씩씩하게 걸음을 옮겼다.

'나도 싫어! 눈치 보는 내가. 근데 자꾸만 엄마, 아빠에게 눈길이

가는 걸 어떡해.'

그냥 공부나 하는 건데 괜히 참석했다는 생각이 들었다. 고시원을 향해 걸어가는 동안 아버지의 어색한 미소가 달그림자처럼 자꾸만 따라붙었다.

● ● ●

심리학에서는 눈치를 '셀프 모니터링(Self-Monitoring)'이라고 한다. 눈치가 빠른 사람을 센스 있는 사람, 즉 다른 사람의 기분이나 감정을 파악하는 사회인지 능력이 뛰어난 사람으로 평가한다. '사회적인 뇌'가 발달했다고도 할 수 있다. 반면, 사회인지 능력이 부족한 사람은 눈치가 없다. 결핍 수준이면 자폐나 조현병, 알츠하이머병 같은 정신질환에 해당하기도 한다.

『생각의 기원』의 저자이기도 한 세계적인 영장류학자 마이클 토마셀로는 사회적 지능의 생성 시기를 40만 년 전으로 추정했다. 인류가 호모 하이델베르겐시스(Homo heidelbergensis)로 분류되는 이 시기에 개체수의 급격한 변화가 있었고, 더 이상 혼자 힘으로는 식량을 구하기 어렵다 보니 협력이 필요함에 따라 상대의 의향을 파악하고 나의 행동을 돌아보는, 사회적 지능이 발달하기 시작했다는 것이다.

사회적 욕구 중에 '인정 욕구'는, 자기 심리학의 창시자인 하인즈 코헛이 '우리가 살아가는 데 있어서 산소만큼이나 필수적'이라고 할 정도로 중요하다. 가족이나 친지에게 인정받고 싶은 마음은 당연하다. 그러나 지나치면 독이 되는 법이다. 특히 한국인은 스스로 자신을 평가하기보다 타인이 나를 어떻게 평가하는지에 대해 더 민감하게 반응한다. 홀로 살아가기보다는 더불어 살아야 한다는 공동체의식과 경쟁의식이 뒤섞인, 이른바 '체면 문화' 속에서 살아왔기 때문이다.

눈치가 발달하면 상대방의 감정이나 상황에 대한 파악이 빨라서 사회생활을 하는 데 유리하다. 하지만 지나치게 눈치를 볼 경우에는 자신의 본심을 숨기게 돼, 친밀한 관계로 이어지기 어려운 측면이 있다. 또, 혹시나 하는 생각에 자기검열을 반복하다 보면 눈치만 살피게 된다. 그러다 일이 뜻대로 풀리지 않을 때는 심리적으로 위축돼서, 누군가 기침만 해도 가슴이 철렁 내려앉는다. 이럴 때일수록 대범하게 생각하고 행동할 필요가 있다.

인생이란 긴 듯 짧고, 짧은 듯 긴 여정이다. 끝이 보이지 않는 사막을 땀을 뻘뻘 흘리며 걷기도 하고, 꽃밭에 벌렁 드러누워 콧노래를 흥얼거리기도 하고, 숨을 헉헉거리며 금방이라도 쓰러질 듯 휘청거리며 오르다가도, 언제 그랬냐는 듯이 산 정상에서 시원한 바람을 맞으며 세상을 내려다보는 것이 인생이다. 어디서 무엇을 하든지 간에 그 또한 내 인생이라는 사실을 명심하자. 내 인생을 살아가는 데 있어서 지나치게 타인의 시선을 의식할 필요는 없다.

●　●　●

현재의 상황에 굴복할 마음이 없다면
떳떳함이야말로 성공에 대한 의지의 표상이자,
지금도 멋진 인생을 살아가고 있다는 증표라는 사실을 기억하자.

잦은 핑계가
불안한 삶을 흔든다

"오늘은 왜 늦은 거야?"

지혜가 따지듯 묻자 성진이 고개를 푹 숙였다. 마치 오랫동안 굶어서 맥이 빠진 기린을 연상시켰다.

"오빠, 무슨 말이라도 해봐!"

"그게, 버스 여섯 대가 한꺼번에 몰려오는 바람에……."

"말이야, 막걸리야! 버스가 기차야?"

"진짜야! 아무리 기다려도 오지 않아서 파업하는 줄 알았다니까!"

성진이 정말 억울하다는 눈빛으로 바라보았다.

"그건 그렇다 치고! 새벽에 나오기로 해놓고, 왜 안 나오는 건데? 난 사실 고시원이나 학원 열람실이 더 편해! 오빠 때문에 도서관에 가는 건데, 오빠가 안 오면 어떡해?"

"미안! 요즘 밤낮이 바뀌어서 두세 시쯤 자거든. 잠깐 눈 좀 붙이려 했는데……."

지혜가 말허리를 자르며 물었다.

"오빠, 솔직히 공부하기 싫지?"

"아냐! 내일부터 꼭 나갈게."

"핑계 도사님, 공부하기 싫으면 하지 마세요. 공부하기 싫다는 사람 억지로 공부하라고 권하고 싶은 마음 없으니까!"

"그게……."

"됐고, 라면이나 드세요! 붙겠다."

성진은 지혜와 헤어져 집으로 가면서 쇼윈도에 비친 자신의 모습을 외면했다. 근래 들어서 자신의 모습이 마음에 든 적도 없었지만 오늘은 정말 최악이었다.

●　　●　　●

핑계는 나를 방어하기 위한 일종의 거짓말이다.

약속을 지키지 못했거나, 실수를 했거나, 기대에 미치지 못한 결과 때문에 스스로 실망했거나, 비난받을 위기에 처했을 때 방어 기제가 발동한다. 핑계는 문제를 정면에서 해결할 능력이나 자신감이 부족하다는 고백이기도 하다.

아무리 그럴듯한 핑계를 대더라도 그 이면에 있는 불안이 사라지진 않는다. 불리한 상황에 처한 것에 대한 불안, 현상황을 무사히 타개할 수 있을지에 대한 불안, 이번에는 넘어간다고 해도 다시 같은 상황을 맞을 수도 있다는 불안 등으로부터 자유로울 수 없다.

핑계에는 대개 두 가지가 뒤섞여 있다. 위기 상황을 일단 회피하려고 하는 뇌의 본능과 부정적인 경험이다.

전자는 육체에 직접적인 위해가 되는 원초적인 두려움이 아니라면 이성으로 극복할 수 있다. 그러나 후자는 과거의 부정적인 경험에 의해서 생성된 것이라 뚜렷한 개선 의지가 없으면 극복이 쉽지 않다.

두려워서 피하면 피할수록 불안감은 증폭된다. 원치 않는 결과라고 해서 인정하지 않고, 타인이나 환경 혹은 운수 탓을 하면, 뇌에서 정상적인 피드백이 이루어지지 않는다. 이는 발전의 기회를 잃는 일이나 다름없다.

'하고 싶은 일에는 방법이 보이고, 하기 싫은 일에는 핑계가 보인다'는 필리핀 속담이 있다. 핑계가 잦다면 하기 싫어서 그런 것은 아닌지 진지하게 돌아보아야 한다. 만약 하기 싫어도 계속 해야만 하는 처지라면 그 일의 장점을 찾아보자. 사소한 한 가지 일로 인해서 사람이 달리 보이듯, 비록 부분에 불과할지라도 장점을 보려고 노력하다 보면 전체에 대한 느낌이 달라진다.

해도 안 되는 일이라는 판단이 섰다면 계속 핑계를 대며 상황을 질질 끌고 갈 것이 아니라, 결단을 내릴 필요가 있다. 시작하는 것도 용기지만 포기하는 것도 용기다. 포기는 실패가 아니다. 내 안에 잠재돼 있는 능력을 발휘할 수 있는 새로운 일을 모색하기 위해 한 발 물러서는 것뿐이다.

●　　●　　●

핑계는 가뜩이나 불안한 청춘의 삶을 흔들어댄다.
마음이 불안하니 지푸라기라도 붙잡고 싶을 테지만 유혹의 손을 과감히 뿌리쳐야 한다.

PART 2

눈에 보이지
않는 것들

본질적인 것은 눈에 보이지 않는다.

– 생텍쥐페리

고립된 상황이
불안을 키운다

　은수는 분식집에서 돈가스로 점심을 때웠다. 혼자서 밥을 먹으면 '맛있다'가 아니라 말 그대로 '때운다'는 기분이었다.

　'혼밥'을 시작한 것은 중학교 2학년 때부터였다. 엄마는 어디서 듣고 왔는지 급식을 끊고, 고시 삼관왕 부모처럼 비빔밥이나 샌드위치 같은 간편식을 싸줬다. 친구들이 다 함께 급식을 먹으며 수다를 떨때, 은수는 교실에서 책을 들여다보며 혼자 밥을 먹었다. 그놈의 간편식 덕분인지 뭔지 은수는 전교 1등을 할 수 있었다.

　고등학생이 됐을 때 은수는 비로소 깨달았다. 자신의 공부머리가 뛰어나지 않다는 것을. 전교 1등을 하려면 다른 친구들보다 두세 배는 더 공부해야만 했다. 잠깐만 방심해도 순위에서 쭉 밀려났다. 명절이나 제삿날, 친척들이 모두 모이는 자리에서조차 또래 사촌들이 웃고 떠드는 소리를 들으며, 빈방에서 과외 숙제를 하느라 바빴다. 때론 이를 악물고, 때론 눈물을 흘리면서, 대학만 가면 이 모든 외로움과 고통도 끝날 거라고 굳게 믿으며 버텼다.

그렇게 은수는 엄마가 그토록 소망했던 명문 대학에 진학했다. 그러나 대학은 또 다른 전쟁터였다. 민사고, 과학고, 외고, 자사고 출신의 괴물들이 즐비했다. 은수는 한 학기가 채 끝나기도 전에 부모님이 그토록 자랑스러워하는 자신이 평균치에도 모자란다는 사실을 깨달았다.

매 학기 18학점을 채워서 수강신청을 해도, 중간고사 후에는 학점 관리를 위해 6학점 내지 9학점을 철회해야 했다. 부족한 학점은 계절학기 강의로 메웠고, 그래도 부족해서 1년을 더 다니고 나서야 가까스로 졸업할 수 있었다.

졸업 후에는 취업만 하면 촉망받는 인재로 살 줄 알았다. 그런데 막상 입사해보니 성실성이나 업무 능력이 전부가 아니었다. 은수를 힘들 게 하는 건 업무가 아니라 대인관계였다. 경영기획팀에서 일하다 보니 사내 정치로부터 자유로울 수 없었다. 눈치가 빠르거나 줄이라도 잘 서야 하는데 그런 쪽으로는 아예 젬병이었다. 반년쯤 지나자 은수는 자연스럽게 외톨이가 돼 있었다. 4년 차를 앞둔 요즘에는 '아싸'가 운명이라는 생각마저 들었다.

분식집을 나온 은수는 광화문 교보문고로 향했다. 어제도 한참 서서 읽던 책을 꺼내들고 이어서 읽기 시작했다. 평행 이론에 관한 내용인데 읽을수록 점점 재미있어서, 물리학이 적성에 맞는 건가 하는 생각이 들었다. 우주 속을 정신없이 떠돌다 보니 휴대폰이 진동했다. 점심 시간이 끝나가고 있음을 알려주는 신호였다. 아쉬움을 뒤로 한 채 서점을 나서는 길에 계단에서 낯익은 얼굴을 봤다. 고등학교 동창인 지혜였다. 지혜는 공부는 못했지만 웃음 많고, 사교성 좋은 아이였다. 항상 주변에 친구들이 들끓어서 은수는 내심 지혜를 부러워했었다.

이렇게 우연히 다시 만나다니 참 반가웠다. 마치 오랜 세월 객지를 떠돌다가 고향 친구를 만난 기분이라고나 할까.

"와아, 오랜만이다! 이게 도대체 몇 광년 만이니?"

우주 관련 서적을 읽은 여파 때문일까. 말하고 나니 표현이 다소 과했다는 생각이 들었다. 고등학교 때 같은 반이었지만 둘이서 대화다운 대화를 나눈 적은 단 한 번도 없었다.

지혜는 유심히 사원증을 보는가 싶더니 미소를 지으며 말했다.

"너 무척 행복해 보인다."

은수는 내심 당황했지만 태연히 대답했다.

"응? 그럼, 행복해! 모처럼 만났는데 차라도 마시러 갈까?"

어디서 그런 용기가 난 걸까. 은수는 반가워서 지혜의 손을 슬쩍 잡았다. 그녀가 원한다면 반차를 써서라도 함께 수다 떨며 놀고 싶었다. 친구를 만나본 게 언제인지 기억조차 나지 않았다.

"아, 미안! 내가 급히 가봐야 할 데가 있어서."

"어, 그래? 그럼 다음에 보자!"

은수는 아쉽지만 붙잡은 손을 놓아줬다.

회사를 향해 걸음을 재촉하는데, 사람들 속에서 한 사람이 눈에 띄었다. 해외영업3팀의 백대훈 대리였다. 외향적인 성격, 훤칠한 외모, 외국어 능력이 탁월한 데다 유머 감각까지 갖추고 있는 그는 여직원들 사이에서 인기가 높았다. 은수 역시 그에게 호감을 갖고 있었지만 데이트 신청은커녕 제대로 말 한마디 붙여보지 못했다.

은수는 회전문을 밀며 사옥으로 들어가는 백 대리의 뒷모습을 보며 중얼거렸다.

"지혜야, 사실은 나 행복하지 않아."

●　●　●

인간은 사회적 동물이다. 물방울이 모이고 모여 강을 이루듯 개개인이 어우러져서 사회라는 집단을 이룬다. 따라서 사회의 구성원이라면 소통과 교류는 필수다. 그러나 종종 다양한 이유로 고립되는 사태가 빚어진다. 집단에서 떨어져서 고립되면 생존 가능성이 낮아져서 불안하고, 집단 내에서 고립되면 사회적·정치적 입지가 낮아져서 불안하다.

사회구조의 변화로 1인 가구가 증가하면서 혼밥족 또한 급증하는 추세다. 조직 내에서의 혼밥족은 따돌림에 의한 '비자발적 혼밥족'과 개인의 편의에 따른 '자발적 혼밥족'으로 나뉜다. 전자의 경우는 집단에서 방출될 것 같아서 불안하고, 후자의 경우는 자기 주관이 확실하다 해도 사회 통념에서 어긋나다 보니 때때로 불안하다.

사생활을 포기하고 오로지 조직에 헌신했던 기존 세대와 달리, 업무와 사생활은 분리되어야 한다는 문제의식에서 출발한 일과 삶의 균형(Work-Life Balance), '워라밸' 추구 현상은 시대적 흐름으로 보인다. 그러나 이러한 마인드가 고립이나 단절을 가져와서는 안 된다.

사회생활에서 대인관계의 중요성은 아무리 강조해도 지나치지 않다. 행복이나 불행 같은 감정을 느끼게 하는 원인 중 대인관계가 85%나 차지한다는 연구 결과도 있다. 스스로 아웃사이더를 자처하는 '자발적 아싸'로 지내는 것이 지금은 편리하고 행복할지 몰라도 그 감정이 언제까지 가겠는가. 자발적 아싸라면 대인관계에 대해서 다시 한 번 생각해보고, 비자발적인 아싸라면 다른 사람에게 다가가는 연습을 해야 한다.

사람은 항상 누군가 먼저 다가와주기를 기다린다. 대인관계의 첫걸음은 관심이다. 인간의 뇌는 자신에게 관심을 가져주는 사람을 긍정적으로 인지한다. 아군이 많을수록 생존 가능성은 물론이고 정치적·사회적 입지가 높아지기 때문이다.

세일즈맨으로서 사람의 마음을 사로잡는 데 탁월한 역량을 발휘했던 로렌스 굴드는 이렇게 말했다.

"남이 당신에게 관심을 갖게 하고 싶거든 눈과 귀를 닫고 있지 말고, 다른 사람에게 먼저 관심을 표시하라. 이 점을 이해하지 않으면 아무리 재간이 있고, 능력이 있더라도 남과 사이좋게 지내기는 불가능하다."

소통이 단절된 상태에서 지내다가 누군가에게 말을 붙이려면 처음에는 어색할 수밖에 없다. 일단 가까운 자리에 있는 사람과 대화를 시작하라. 간단한 인사나 별다른 내용이 없는 잡담일지라도 미소를 머금고, 꾸준하게 말을 건네다 보면 어느 순간 어색함이 사라진다. 함께 시간을 보내면서 속마음도 털어놓고, 상대방의 이야기를 경청하고, 칭찬할 점에 대해서 아끼지 말고 칭찬하고, 상대방이 진정으로 원하는 것을 성의를 다해서 해결해주다 보면 가까운 사이가 된다.

조직 내에서 한 명이라도 소통할 수 있는 사람이 생기면 불안은 한층 줄어든다. 비로소 마음에 여유가 생겨 편향적인 시선에서 벗어나고, 어떻게 조직생활을 해야 할지 방향을 잡을 수 있을 것이다.

●　●　●

인생의 자잘한 행복들은 타인과의 교류와 소통 속에 있다. 스스로 고립돼 있다고 판단되면 그 안에서 해결책을 찾으려 시도하기보다는 합류할 수 있는 방법을 찾아야 한다. 어쨌든 인간은 무리 속에 파묻혀 있을 때 불안으로부터 벗어날 수 있기 때문이다.

고독과 불안은
배다른 형제다

"백 대리, 약속 없으면 나랑 저녁이나 먹자."

"네, 김 차장님!"

대훈은 습관처럼 잠깐의 망설임도 없이 흔쾌히 대답했다. 그러나 막상 대답하고 나니 마음 한구석이 불편했다. 10년 가까이 나이 차가 있는 상사와 퇴근 후 단둘이 저녁을 먹어야 하다니.

'신입사원들은 단칼에 거절하던데 나는 왜 거절을 못 하는 걸까?'

회사를 나온 두 사람은 단골 식당으로 갔고, 김 차장은 최애음식인 갈치조림을 시켰다.

"나 요즘 가을 타나봐. 밤늦게 텅 빈 집에 들어서면 도대체 왜 사는 걸까, 라는 생각이 자꾸 들어."

김 차장은 주말부부다. 부인은 중학교 선생님인데 아이와 함께 청주에서 생활하는 중이었다. 대훈이 술을 따르자 김 차장이 잔을 반쯤 비운 뒤 말했다.

"백 대리는 젊어서 고독이 뭔지 모를 거야."

"그렇긴 하죠."

대훈은 일단 맞장구를 쳐주고 나서 진짜 그런지 자문해봤다. 특별히 고독하다는 생각을 해본 적은 없지만 고독이 뭔지는 어렴풋이 알 것 같았다.

"자네도 결혼할 나이잖아. 사귀는 사람 없어?"

순간, 대훈은 경영지원팀의 은수를 떠올렸다.

관심은 은수가 입사했을 때부터 시작됐다. 시간이 지나자 점점 호감으로 변했고, 언제부터인가 아예 마음 한구석을 그녀가 차지했다.

"없어요."

"내가 소개해줄까? 친구 동생 중에 괜찮은 신붓감이 있는데……."

"괜찮습니다."

"백 대리도 더 늦기 전에 결혼해야 해. 버스는 놓쳐도 기다리면 다음 버스가 오지만 결혼은 그렇지 않아. 얼마 전에 총무과 박 과장하고 술 한잔했는데 그러더라. 자기가 마흔이 다 되도록 혼자일 줄은 꿈에도 몰랐다고!"

김 차장은 묻지도 않았건만 파란만장한 박 과장의 연애사를 줄줄이 늘어놓았다. 대훈은 건성으로 고개를 끄덕이며 은수를 생각했다.

'미친 척하고 확 고백해볼까?'

곰곰이 생각하던 대훈은 이내 머리를 흔들었다. 자신은 지방 사립 대학을 나온 반면, 그녀는 한국 최고의 명문대 출신이었다. 겉으로는 학벌에 연연해하지 않는 척하는 대훈이었지만, 전국 학생들을 일렬로 줄 세우는 교육 환경 속에서 성장한 탓인지, 은근히 학벌이 콤플렉스처럼 신경 쓰였다.

식당을 나섰을 때 김 차장은 만취 상태였다. 맥주 한 잔만 더 하자고 떼쓰는 그를 택시 태워 보낸 뒤, 지하철 역을 향해서 걸어갔다.

'밥 먹고 술 마셨을 뿐인데, 야릇한 기분이 드는 건 왜일까?'

가을바람이 불어오자 노란 은행잎이 허공으로 떠올랐다. 대훈은 말로 표현할 수 없는 짙은 고독을 느꼈다. 여태 숨기고 살았던 자신의 본래 모습과 마주한 기분이었다.

"휴우, 왠지 올 가을은 더 쓸쓸하게 느껴지네."

●　●　●

최근 한국 임상심리학회가 학회 소속 심리학자 317명을 대상으로 진행한 '대한민국 고독지수'에 대한 설문조사 결과, 고독지수는 100점 만점에 78점으로 나타났다. 한국 사회의 고독감이 증가한 원인으로 개인주의의 심화(62.1%), 사회 계층 간 대립 심화(54.6%), 장기화된 경제 불황(48.3%), 사회적 가치관의 혼란(45.4%), 온라인 중심의

커뮤니케이션 변화(36.3%) 순이었다.

인간은 고독한 존재다. 죽음을 피할 수 없듯이 고독 또한 피할 수 없다. 단지 그 크기를 줄이거나 잠시 잊을 수 있을 뿐이다. 고독은 삶을 불안하게 한다. 아프리카 초원 위 무리에서 떨어진 가젤을 상상해보라. 가젤이 느끼는 고독은 생존에 대한 불안에 근거하고 있다. 즉, 고독과 불안은 생존이라는 아버지 밑에서 태어난 배다른 형제라 할 수 있다.

인간의 고독은 원초적인 생존 본능과 맞닿아 있다. 따라서 '홀로 있다'는 정신적 고립감이 깊어지면, 스트레스 호르몬인 노르에피네프린(Norepinephrine)의 혈중 농도가 높아지고, 그에 따라 면역력이 떨어져 육체적 질병을 불러온다는 연구 결과도 있다.

성인이 되면 부모 형제와의 애착이 약해지는 반면, 성 호르몬의 분비가 왕성해지면서 고독감이 깊어진다. 홀로서기를 해야 할 때가 된 것이다. 따라서 자연스레 이성과의 만남을 통해서 고독을 해소하려고 한다. 하지만 인간의 심리는 복잡해서 결혼한다고 반드시 고독에서 벗어날 수 있는 것은 아니다. 독일의 사회학자인 게오르크 지멜은 "인간이 외로운 것은 둘씩 있다는 것 때문"이라고 말했다.

고독은 본질적이기도 하지만 상대적이다. 항상 혼자 있는 사람보다는 함께 있는데도 불구하고 혼자라고 느낄 때 혹은 배우자와 떨어져 낯선 곳에서 홀로 지낼 때, 배우자와 사별해 혼자가 되었을 때 고독감이 더 깊어질 수밖에 없다.

고독을 벗어나는 것도 좋지만, 인간은 고독한 존재라는 사실을 인정하고 받아들일 필요가 있다. 가끔씩은 고독한 시간을 통해 나 자신과 세계를 돌아보면 생각도 깊어지고, 인생도 한층 풍성해진다.

누군가와 함께 있어도 마음이 헛헛하다면 신뢰와 소통에 대해서도 생각해봐야 한다. 원만한 대인관계를 위해서 원치 않는 자리에 동석하고, 공감할 수 없는 이야기에 공감하는 체하며, 속으로는 딴생각을 하는 시간을 보낼수록 고독은 깊어진다. 내키지 않는 자리라면 처음부터 정중하게 거절하는 게 낫다. SNS상에서 활발하게 활동하는 인사이더, 일명 '인싸'로 불리는 사람 중에도 고독에 몸부림치는 이가 상당수다. 업로드를 할 때마다 수많은 사람이 '좋아요'를 누르고 댓글을 달아줘도, 실제로 공감하고 마음을 주고받을 수 있는 사람이 얼마나 되겠는가.

●　　●　　●

고독은 삶의 곳곳에 숨어 있다가 불쑥 생경한 민낯을 드러내 우리를 불안 속으로 몰아넣는다.
대인관계를 통해서 고독을 극복하려면 신뢰를 구축하고, 서로 마음을 공감할 수 있는 관계를 형성해야 한다.

생각이 많아서
불안해진다

"공부는 할 만해?"

"한동안은 성적이 공부하는 대로 오르더니 요즘은 정체기야."

채언이 3년 남짓 다녔던 공기업을 그만둔 것은 6개월 전이었다. 정년도 긴 데다 연봉도 상위권이었지만 직장 생활에 안주하면 할수록 점점 도태되는 것만 같은 불안감을 떨쳐버릴 수 없었다. 결국 주변의 만류를 뿌리치고 뛰쳐나와 로스쿨을 준비하기 시작했다.

"아니 왜? 너는 '공부가 가장 쉬웠어요' 파잖아?"

은수의 물음에 채언이 피식 웃었다. 채언은 명문 외고 출신인데 고등학교 때는 물론이고, 대학에서도 상위권 성적을 꾸준히 유지했다.

"요즘 들어서 가슴이 답답해. 우리 나이가 적은 나이도 아니잖아? 입학해도 내가 잘 해낼 수 있을까 걱정도 되고, 법률 시장도 포화 상태라는데 막차를 탄 건 아닌가 싶기도 하고."

"그래도 난 네가 부러워. 대잡보다는 희망이 있잖아?"

잠시 생각하던 채언이 고개를 끄덕였다.

"긍정적인 측면에서만 보면 그렇지. 부정적인 측면에서 보면 걱정거리가 한두 가지가 아니지만."

은수 역시 로스쿨 진학을 고민했던 적이 있었다. 학점이 낮아서 명문 로스쿨은 들어갈 수 없는 데다, 성적이 안 나올 때의 절망감을 다시는 맛보고 싶지 않아서 포기했었다. 채언의 불안한 눈빛을 보니 은수는 일찍이 포기하기를 잘했다는 생각이 들었다.

"잘 될 거야! 아무리 사회가 변했다 해도 너 같은 공부벌레가 잘 안 되면 누가 공부하려고 하겠어?"

은수는 불안해하는 채언을 달래줬지만 점점 대학 동창들과 사회적 지위가 멀어지고 있는 것 같아 조금 씁쓸했다.

채언과 헤어진 후 한동안 잊고 있었던 미래에 대한 불안이 밀려왔다. 집으로 돌아오니 저녁 시간이었지만, 밥 먹을 기분이 아니어서 침대에 몸을 던졌다. 심란한 마음을 안고 휴대폰으로 졸업생 게시판을 훑어보고 있는데 동생 지수가 들어왔다.

"언니, 나 내일 빨강 하프코트 하루만 빌려줘."

"안 돼. 너 또 어딜 놀러가려고 그래, 취준생이?"

"서럽게 그러지 마라!"

지수가 아랫입술을 삐죽 내밀었다. 서울 중위권 대학 영문학과 출신인 지수는 졸업을 유예한 채 취업 준비 중이었다. 취업 시즌을 상·하반기로 따져보니 벌써 사수째였다.

"이번 공채 준비는 잘 돼가?"

"계획대로 척척 진행되고 있…기는 개뿔! 원서만 여든두 장 썼는데 서류통과는 아홉 장이야. 그중에 세 장은 적부고, 인적성 통과는 세 장. 한 장은 면접이 겹쳐서 못 갔고, 한 장은 1차 면접에서 날아갔고, 남은 카드는 딸랑, 한 장!"

작년 하반기보다 상황이 더 나빴다. 그때는 그래도 최종면접을 두 곳이나 봤더랬다.

"언니, 나도 공시 볼까봐."

"학점이 아깝지 않아? 4년 내내 학점 관리하느라 제대로 놀지도 못했다며?"

"그렇긴 한데, 워낙 취업시장이 헬이라서. 나처럼 저급한 닝겐을 어떤 기업에서 사노비로 받아주겠어?"

"용기를 가져! 너 정도면 스펙 괜찮아."

"그건 언니가 몰라서 그래! 면접장 가니까 스펙 괴물들이 바글바글하더라."

취업이 어렵다는 건 은수 역시 잘 알았다. 은수네 회사 역시 매년 고스펙 지원자가 늘어나고 있었다. 그렇다고 지수에게 눈높이를 중소기업으로 낮춰보라고 권할 수도 없는 노릇이었다. 스스로 원해서 가겠다면 몰라도.

"언니는 좋겠다! 맛있는 것도 맘대로 먹고, 예쁜 옷도 맘대로 살 수 있어서. 나는 취업만 됐으면 소원이 없겠어."

옷장 속 옷들을 만지작거리며 지수가 중얼거렸다. 은수는 순간, 내일 또 출근해야 한다는 생각에 가슴이 답답해졌다.

"야, 정신없으니까 나가!"

"코트 하루만 빌려주라, 응?"

"손 떼라! 나도 아직 한 번도 안 입었어."

"빌려주지, 좀!"

은수는 지수의 등을 떠밀다시피 해서 방에서 내쫓고는 다시 침대에 누웠다. 졸업생 게시판을 대충 둘러보고 유튜브에 접속했다. 구독 중인 유머 콘텐츠를 보며 낄낄거리고 있는데, 시계를 보니 어느덧 자정이 다 돼 있었다. 몇 시간 뒤면 출근해야 한다고 생각하니 심장이 점점 빠르게 뛰고 숨이 막혔다.

'아, 출근하기 싫다!'

베개에 얼굴을 묻는 은수였다. 어둠이 뭉클뭉클 밀려왔다. 그 안에서 문어발처럼 긴 촉수가 꾸물꾸물 뻗어 나오더니 월요병으로 몸부림치는 그녀를 깊고 어두운 심연 속으로 끌고 갔다.

●　●　●

인간은 상대방을 통해서 자신을 바라보기도 하는데, 경쟁심이 심할수록 이러한 현상이 두드러진다. 즉, 세상 모든 사람을 잠재적 경쟁자로 인식하는 것이다. 따라서 자신보다 뛰어난 사람을 보면 생각이 복잡해진다. 현재의 삶을 돌아보게 되고, 불만스러운 부분을 찾아낸다. 그것이 미래에 대한 걱정으로 연결되어 마음이 불안해진다.

청춘은 불안하다. 취준생은 물론이고, 직장인 또한 불안하기는 매한가지다. 미래가 어떻게 펼쳐질지 확신할 수 없기 때문에 자신이 내린 선택에 불안을 느낀다. 어떤 일을 결정할 때는 신중해야 한다. 하지만 일단 결정을 내렸으면 걱정은 내려놓을 필요가 있다. 걱정하고 있을 시간에 차라리 행동하는 편이 현명하다. 일단 행동하기 시작하면 뇌에 할 일이 생겨서 걱정으로부터 멀어진다.

미국의 제3대 대통령 토머스 제퍼슨은 "우리는 실제로 벌어진 일보다는 앞으로 벌어질 일을 걱정하면서 마음의 고통을 겪는다"고 했다.

수많은 직장인이 경직된 기업문화, 업무에 대한 중압감, 대인관계로 인한 스트레스 등으로 인해 일요일 오전부터 월요병을 앓지만, 막상 출근해서 일하다 보면 사라진다.

월요병이 심하다면 월요일에 생길 일들을 구체적으로 상상해보거나, 해야 할 일을 휴대폰이나 종이에다 순서대로 적어보자. 나를 불안하게 하는 막연한 것들의 실체를 확인하고 나면 불안의 크기는 한층 줄어든다.

●　　●　　●

실제로 닥치지 않은, 미래의 일을 지나치게 걱정하지 마라.
지나친 걱정은 종이로 만든 집 한가운데 피운 모닥불과 같아서
인생의 다른 즐거움까지 빼앗는다.

가족과의 불화가 심하면
홀로서기를 하라

커피숍에 들어서자 어머니가 한 손을 들어 보이며 어색한 미소를 지었다. 대훈은 맞은편에 앉으며 물었다.

"여기까지 웬일이세요?"

어머니는 대답 대신 길게 한숨을 내쉬었다.

"식사는 하셨어요?"

"번번이 미안하다만, 혹시 2천만 원 정도 마련해줄 수 있니?"

"갑자기 돈은 왜요?"

"며칠 전에 대영이가 돌아왔어."

"형이요? 한동안 잠잠하더니 또 시작이군!"

장남인 대영은 고등학교를 중퇴하고 가출했는데, 몇 해 전부터 불쑥 부모님에게 찾아가 돈을 요구하기 시작했다. 돈을 마련해주지 않으면 술에 취해 난동을 부리고, 낳아놓고서 부모가 해준 게 뭐 있느냐고 소리를 지르며 살림을 때려 부쉈다. 한번은 보다 못해서 경찰에 신고했는데, 경찰서에 끌려가자 제정신이 들었는지 잘못을 순순히 시인하며, 다시는 안 그러겠다고 했다. 하지만 그날 밤 다시 만취해서 들어와서는 행패를 부렸다.

"더 이상 줄 돈도 없고, 해줄 수도 없다고 딱 잘라 말씀하세요. 형한테 질질 끌려다니시지 말고."

"그런데 이번에는 상황이 좀 달라. 혼자 온 게 아니라 결혼한다고 며느리 될 애하고 같이 왔더라."

"그래요? 형수는 어때요?"

"참해 보이기는 하더라. 마음잡고 새 출발하겠다는데 어떻게 모른 척해?"

어머니는 한숨만 내쉬었다. 대훈은 잠시 생각하다가 마음을 굳혔다.

"돈은 제가 마련해볼게요."

"미안하다. 너 볼 낯이 없구나."

"무슨 그런 말씀을 하세요. 저녁 같이 먹고 오피스텔에서 주무시고 내일 내려가세요."

"가봐야 해. 새벽에 일 나가야 하거든."

대훈은 그냥 가겠다는 어머니를 식당으로 끌고 가다시피 해서 함께 저녁을 먹고, 터미널까지 데려다드렸다. 어머니를 태운 버스가 출발하는 걸 보고 돌아선 대훈은 가슴이 얹힌 듯 답답했다. 대훈도 넉

넉한 형편은 절대 아니었지만, 하나뿐인 형제가 결혼한다고 하는데 모른 척할 수는 없는 노릇이었다. 하지만 그 말이 사실인지 연극인지 알 수 없으니 답답하기만 했다. 대영이 지금까지 해온 행태로만 본다면 돈을 뜯어내기 위한 연극일 가능성도 있었다.

'전생의 원수가 따로 없네! 노부모가 힘겹게 생활하는 걸 빤히 알면서.'

소 귀에 경 읽기겠지만, 이번에 돈을 줄 때 직접 만나서 따끔하게 한마디해야겠다는 생각이 들었다.

●　　●　　●

성인이 되어도 가족으로부터 자유로워지기란 쉽지 않다. 이미 가족은 하나라는 정서적 융합이 이루어져 있기 때문이다.

'가정에서 마음이 평화로우면 어느 마을에 가서도 축제처럼 즐거운 일들을 발견한다'는 인도 속담이 있다. 또, 가화만사성이라고 하듯이 가정이 화목해야 모든 일이 술술 풀린다. 하지만 세상에 어찌 화목한 가정만 있겠는가. 불안한 청춘을 유독 힘들게 하는 것 중 하나가 가정불화다. 가정불화 때문에 우울증을 얻고 오랫동안 아파하다 결국 자살을 택하는 경우도 많다.

가족은 서로에 대한 감정의 깊이 또한 각별하다. 나를 가장 기쁘고

행복하게 하는 것도 가족이고, 나를 가장 슬프고 불행하게 하는 것도 가족이다.

가족은 모래알 같아도 문제지만 지나친 결속도 문제가 된다. 전자의 경우는 구성원으로서의 의무를 회피하다 보면 가족 자체에 균열이 생긴다. 후자의 경우는 정서적 분화에 따른 홀로서기가 필요한데, 번번이 지나친 간섭이나 참견 때문에 방해받는다.

우리는 모두 개별적으로 존재하는 하나의 인격체다. 아무리 혈연이나 부부 관계로 묶인 가족이라고 하더라도 내가 먼저고, 가족은 그다음이다. 내가 존재해야 가족도 존재할 수 있다. 나를 가족의 변두리에 세우지 말고, 가족의 중심에 세워 버릇해야 한다. 가족에 대한 배려는 좋지만 그로 인해 자신의 존재 의미를 잃게 되거나, 자신의 삶을 희생하게 되는 건 바람직하지 않다. 점점 행복과 멀어질 테니 말이다.

만약 가족 중 누군가 폭력성을 드러내거나, 정신적 혹은 육체적으로 괴롭힌다면 가족이라는 울타리에서 나와 홀로서기를 생각해봐야 한다. 경제적으로 독립했음에도 불구하고 계속 찾아와서 괴롭히면 확실히 선을 그을 필요가 있다. 가족 전부가 다 함께 불행해질 필요는 없지 않은가.

건강한 가족 관계를 형성하려면 구성원이 저마다 홀로 서야 한다. 한쪽은 이득을 보고 한쪽은 손해를 보는 기생 관계가 되면 머잖아 가족은 위기를 맞는다.

● ● ●

다른 구성원이 내 뜻대로 안 된다면 나 혼자라도 홀로 서겠다는 다짐이 필요하다.
가족 관계만 제대로 형성되어도 청춘의 불안은 한층 줄어든다.

자신감 부족이
더 큰 불안을 부른다

"지속성장 보고서 언제 끝나?"

은수가 한창 일하고 있는데 팀장이 앉은 자리에서 물었다.

"금요일까지 가능합니다."

"초안이어도 숫자만큼은 정확해야 해. 알고 있지?"

"네, 여러 차례 확인하고 있습니다."

은수가 오전 중에 회사에서 나눈 대화는 그게 전부였다. 팀원들은 업무를 보다가 틈틈이 잡담을 나누기도 했지만 은수 근처에는 아무도 오지 않았다.

점심 시간이 되자 하나둘 사무실을 빠져나갔다. 빈말로라도 같이 밥 먹으러 가자고 권할 법도 한데 누구 하나 말을 붙이지 않았다.

'내가 마침내 득도한 게야. 이제 사람들 눈에 보이지 않는 경지까

지 오른 거지.'

은수는 울적해지려는 마음을 추스르며 사무실을 나섰다. 지하에 구내식당이 있었지만, 삼삼오오 무리 지어 밥 먹고 있는 팀원들에게 다가갈 용기도, 그렇다고 한쪽에서 혼자 밥 먹을 용기도 없었다. 은수는 몇 군데 음식점을 떠올리다가 단골 분식집으로 갔다. 그런데 놀랍게도 백대훈 대리가 벽을 마주하고 앉아서 라면을 먹고 있었다.

문득, '혹시 단골집인 걸 알고 나를 만나러 온 건가?'라는 생각이 들었으나 이내 머리를 흔들었다. 착각은 자유지만 망상은 병이었다. 은수는 인사라도 할까 망설이다가 무인주문기 앞에 섰다. 라면을 먼저 주문하고, 결제 버튼을 누르려다 김밥과 떡볶이까지 주문했다. 백 대리와 함께 먹을 생각이었다.

뭐라고 말을 붙일지 고민하면서 음식이 나오기를 기다리고 있는데, 그새 라면을 다 먹었는지 대훈이 쟁반을 들고 자리에서 일어났다. 허공에서 눈이 마주쳤다. 은수가 미소를 지으며 먼저 인사를 했다.

"아, 백 대리님. 안녕하세요!"

"아, 은수 씨. 호, 혼자 오셨나봐요? 저는 팀원들이 같이 먹자고 했는데 갑자기 라면이 당겨서⋯⋯."

이럴 때는 뭐라고 해야 하는 걸까? 은수는 순간, 혼란스러웠다. 나는 팀원들이 왕따시켜서, 어쩔 수 없이 혼밥 하러 왔다고 사실대로 말할 수는 없는 일 아닌가?

그때 마침 주문한 음식이 나왔다. 식기를 반납하던 백 대리가 힐끗 은수의 쟁반을 쳐다봤다.

"근데 참 식욕이 좋으시네요. 전 혼자 먹으면 잘 못 먹는데……."

"아, 그게 같이……."

'드실래요?' 하고 말을 붙이려는 순간, 대훈의 주머니에서 카톡 알람이 울렸다. 대훈은 잠시 휴대폰을 들여다보는가 싶더니 꾸벅 인사를 했다.

"많이 드세요. 전 호출이 와서 이만 가볼게요."

은수는 쟁반을 든 채 가게를 나서는 대훈의 뒷모습을 멍하니 보다가 벽을 마주보고 앉았다. 갑자기 식욕이 뚝 떨어졌다. 은수는 라면, 김밥, 떡볶이를 바라보다가 라면을 끌어당겨 한 젓가락 입안에 밀어넣었다. 오늘따라 아무런 맛도 느껴지지 않았다. 왠지 음식을 반도 채 못 먹고 남길 것만 같은 예감이 들었다.

● ● ●

레스 기블린은 『인간관계의 기술』에서 이렇게 말했다.

"꿀이 파리를 끌어들이는 이유는 단순하다. 꿀은 파리의 생존에 꼭 필요하기 때문이다."

사람도 이와 비슷한 속성이 있다. 생존에 필요하다고 판단되면 파리 떼처럼 모여든다. 그래서 부자의 집은 외진 곳에 있어도 북적이고, 빈자의 집은 도심 한가운데 있어도 공동묘지처럼 고요하다.

　주변에 항상 사람들이 들끓는다면 그 사람에게는 파리를 끌어들
이는 꿀처럼 '매력적인 요소'가 있는 것이다. 명예가 높거나, 부를 축
적했거나, 타인을 잘 도와주거나, 정보를 제공하거나, 유머 감각 등
이 뛰어나기 때문이다. 하지만 이런 사람들은 소수고, 대다수는 섬처
럼 외로이 살아간다. 혹시 누가 나에게 먼저 다가와주지 않을까, 주
변을 두리번거리면서.

　고립된 삶을 살아가는 사람들은 다른 사람에게 다가가지 못한다.
전에 먼저 말을 걸었다가 외면당하거나 무안당한 경험이 있거나 자
신감 부족으로 미리 겁먹기 때문이다. 하지만 이를 극복하지 못할
경우에는 더 큰 불안감을 안고 살아가야만 한다. 자신감은 일을 성
사시키는 데에도, 대인관계에서도 중요한 역할을 한다. 자신감이 넘
치면 거칠 것이 없지만, 자신감이 부족하면 생각이 많아지고 실행력
이 떨어진다. 결국 스트레스로 이어진다.

　"나 자신에 대한 자신감을 잃으면 온 세상이 나의 적이 된다."

　미국의 시인 랄프 왈도 에머슨의 말처럼, 만약 스스로의 삶이 고립

되어 있다면 자신감이 부족한 것은 아닌지 돌아보자.

●　●　●

인간은 누구나 불안하다.

세상에는 불안을 극복하고 자신의 길을 찾아가는 부류와 불안에 갇힌 채 서성이는 부류가 있다. 어느 쪽이 앞으로의 삶에 더 도움이 될지 생각해보자.

실수에 대한 집착이 불안한 삶을 흔든다

"백 대리, 저녁이나 같이 먹지?"

"오늘은 제가 선약이 있어서 죄송합니다."

대훈은 퇴근 시간이 되자마자 사무실을 빠져나왔다. 회사 로비에서 기다리고 있으니 은수가 나왔다.

'어떻게 사과하지?'

점심 시간에 분식집에서 있었던 일에 대해 사과하고 싶은 대훈이었다.

은수가 분식집에서 혼밥을 한다는 소문을 들은 것은 며칠 전이었다. 우연을 가장해서 그녀와 함께 점심을 먹기 위해 분식집을 찾았는데, 은수는 보이지 않았다. 일단 라면을 시켜서 먹는데, 거의 다 먹었을 즈음에 은수가 들어왔다. 빈 그릇을 앞에 놓고 마냥 앉아 있을 수 없어서 자연스럽게 인사를 한다는 것이 말이 헛나갔다.

'자주 오시나봐요! 여기 음식 참 맛있네요!'라고 말하려고 했는데, 라면이 당겨서 왔다는 묻지도 않은 말을 하고야 말았다. 얼굴이 화끈 달아올랐다. 이 어색한 상황을 어떻게 수습할까 고민하다 보니 은수가 주문한 음식이 눈에 들어왔다.

'우와, 맛있겠다! 떡볶이에 김밥 맛있죠. 순대도 시켜서 같이 먹을까요?'라고 말하려고 했는데, 식욕이 좋은 것 같다는 둥 오해의 소지가 있는 말이 튀어나왔다.

'아, 바보 같이! 중요한 순간에 그런 실수를 저지르다니!'

이미 엎지른 물인 걸까? 실수를 지우는 지우개가 있다면 말끔히 지우고 싶었다.

은수를 부르려는 걸 몇 번이나 망설이다 보니 어느새 지하철역이었다. 대훈은 끝내 말을 붙이지 못하고, 사람들 틈에 섞여 들어가는 은수의 뒷모습을 보고 돌아서야 했다.

● ● ●

인간은 누구나 가면을 쓰고 살아간다. 가정에서는 아버지에 어울리는 가면, 회사에서는 직위에 어울리는 가면, 어릴 적 친구를 만나면 또 거기에 어울리는 가면을 쓴다. 이런 가면은 내가 원해서 쓰기보다는 대개 사회적인 기대치에 의해서 형성된다. 심리학에서는 이를 심리적 자아로서 '페르소나(Persona)'라고 한다. 우리의 외적 인격인 셈이다.

우리가 흔히 저지르는 실수는 두 종류다.

하나는 객관적이고 보편타당한 시각에서 보았을 때의 실수다. 답안지를 한 칸씩 밀려서 기입하거나 만찬회에서 발을 헛디뎌 사장의 얼굴에 샴페인을 끼얹는 행위 등이다.

다른 하나는 쓰고 있는 가면의 가치를 훼손했다고 스스로 판단했을 때의 실수다. 여러 가지 얼굴을 하고 살아가다 보니 우리는 더러 다른 모습을 보여주기도 한다. 평소 회사에서는 근엄하고 무표정한 가면을 써 왔는데, 회식 자리에서 술에 만취해 죽마고우들과 놀 때처럼 굴었다면, 다음 날 이불킥은 당연한 일이다. 그나마 이런 유형의 실수는 당사자만 실수라고 심각하게 생각할 뿐 다른 사람들은 실수로 여기지 않을 수도 있다.

우리는 자신이 쓰고 있는 가면의 이미지를 실제보다 부풀리는 경향이 있다. 그래서 남들이 볼 때는 별것도 아닌 일에 괴로워한다. 실수는 말 그대도 실수일 뿐이다. 인간은 타인의 실수에 대해서 비교적 관대한 편이다.

미국 캘리포니아대학교의 심리학자 엘리엇 애론슨은 실수가 호감도에 어떤 영향을 미치는지에 대한 한 가지 실험을 했다. 그 결과, 퀴즈도 잘 풀고 대담 중에 실수도 하지 않는 사람보다는, 퀴즈도 많이 틀리고 대담 중에 커피를 쏟거나 자신의 실수를 고백한 사람이 더 호감을 얻는 것으로 나타났다. 이처럼 개인적으로 실수를 저지르고 허점을 고백함으로써 매력을 얻게 되는 효과를 '실수 효과(Pratfall Effect)'라고 한다.

실수 효과는 특히 유능한 사람이 저질렀을 때 강력한 힘을 발휘한다. 빌 클린턴은 대통령 재임 당시 르윈스키와의 성추문 때문에 위기에 몰렸다. 그러나 성추문이 알려지고 나자 지지율은 오히려 더 높아졌다. 잘생긴 얼굴에다 모든 게 완벽해 보이던 그였기에 대다수가 치명적인 실수라기보다는 인간적인 면모를 보여준 사건으로 해석하고 받아들였다.

인간이 실수에 관대한 가장 큰 이유는 '나'를 최우선적으로 생각하기 때문이다. 뇌는 자신과 관련한 정보를 분석하고 수집하는 데 대부분의 시간과 에너지를 사용한다. 그래서 자신의 실수는 잘 잊지 못하고 타인의 실수는 이내 잊어버린다.

만약 누군가에게 직접적인 피해를 주는 실수를 저질렀다면 곧바로 사과하는 게 불안한 마음을 안정시키는 비결이다. 뇌는 특성상 미완성의 사건은 해결될 때까지 기억해둔다. 그러나 어떤 식으로든 해결이 되면 중요순위에서 밀려나고, 아예 지워지기도 한다. 그래야만 뇌를 효율적으로 사용할 수 있기 때문이다.

가면의 가치를 훼손했다고 판단되는 실수는 가급적 건드리지 않고 묻어두는 게 좋다. 입사면접을 보고 나면 대개 자신의 실수를 떠올리며 이불킥을 하는데, 그것은 '현재의 나'가 저지른 실수라기보다는 '이상의 나'가 저지른 실수다.

아무리 화려한 언변을 동원해서 그럴듯하게 대답했다고 해도, 면접관이 해석하기에 따라서 달라지므로 애초부터 완벽한 대답이란 있을 수 없다. 다음 면접을 위해서 '면접 복기'를 마쳤다면 깨끗이 잊어라. 아무 말 대잔치를 하다가 면접장을 나섰다 하더라도 끝난 일이므로 털어내고, 눈앞의 다음 일에 충실할 필요가 있다. 실수에 집착하다 보면 실수할지도 모른다는 불안에 사로잡혀서 제대로 생활할 수가 없다.

괴테는 "실수는 인간적인 것이다. 어느 것도 시도하지 않기 때문에 실수하지 않는 사람도 있다"고 했다.

인간은 신이 아니다. 거기다 전부 처음 사는 인생 아닌가. 실수에 집착할수록 삶이 흔들리고, 더 불안해진다.

●　●　●

괴로워하지 마라, 실수하니까 인간이다.

자존심이 상하면
불안이 시작된다

"은수 씨, 짬밥이 몇 년 찬데 보고서를 이따위로 써? 쓰기 싫으면 쓰기 싫다고 해! 그럼 애초에 맡기지도 않았을 거 아냐?"

지속성장 보고서를 책상에 내팽개치며 팀장이 소리쳤다.

"죄송합니다! 저는 초안이라고 해서……."

"초안이면 대충 써도 되는 거야? 아니, 그 좋은 대학을 나왔으면서 밑그림을 제대로 그려야 좋은 그림이 그려진다는 것도 몰라!"

잠깐, 지금 여기서 출신 대학 얘기가 왜 나와! 은수는 쥐구멍에라도 숨고 싶은 심정이었다. 팀원들은 일제히 모니터를 보고 있었지만 토끼처럼 두 귀를 쫑긋 세우고 있었다. 머릿속에서 팀원들의 비웃는 소리가 메아리치는 것 같았다.

"역시 과일하고 사람은 겉만 보면 안 된다니까! 겉이 번지르르하면 뭘 해? 속이 다 썩어 문드러졌는데."

전무님에게 호되게 꾸중을 들었는지, 팀장의 잔소리 폭격이 도무지 끝날 기미가 보이지 않았다. 잠자코 듣고 있는데 점점 속이 부글부글 끓어올랐다.

'부담 갖지 말고 초안이나 잡아보라며? 그래서 당신이 건네준 자료 토대로 초안 쓴 거 아냐! 혹시 잘못됐을까봐 최종안 올리기 전에 중간보고까지 했으면 됐지, 그 이상 뭘 더 해? 그때는 가만히 있다가 왜 이제 와서 난리냐고!'

더 이상 죄인 취급 받을 이유가 없다고 판단한 은수가 고개를 들었다. 허공에서 팀장의 시선과 마주쳤다.

"뭐야, 그 눈빛은? 넌 잘못한 게 없다는 거야?"

은수는 차마 대놓고 말할 수 없어 눈에 힘을 주며 속으로 소리쳤다.

'그래! 당신은 대체 뭘 했는데? 내가 올린 보고서에 겉표지 씌우고 이름 바꾼 게 전부잖아! 당신이 해야 할 일을 대신한 것도 억울한데, 내가 왜 당신이 싸지르는 감정의 배설물을 뒤집어써야 하냐고!'

팀장이 두 눈을 크게 치뜨며 잡아먹을 듯이 노려보았다. 은수는 잠시 망설이다가 슬그머니 시선을 떨궜다. 그 순간, 팀장이 두 손바닥으로 책상을 있는 힘껏 내리쳤다. 쾅! 하는 요란한 소리가 울려 퍼졌다. 깜짝 놀란 팀원들이 이쪽을 돌아보았다.

"얌전한 고양이가 부뚜막에 먼저 오른다더니, 완전 가관이군. 너만 잘났다, 이거지? 그래, 네가 얼마나 잘났나 한번 보자!"

팀장이 마치 선전포고를 하듯 소리쳤다. 은수가 변명해보려고 했지만 팀장은 이미 등을 돌린 뒤였다. 왜소하고 작은 등판이건만 그 순간에는 영원히 넘지 못할 벽처럼 느껴졌다.

하루가 어떻게 지나갔는지 기억조차 나지 않았다. 불안감과 함께 분노, 후회, 억울, 자책 등이 수레바퀴처럼 끝없이 회전하면서 머릿속을 시끄럽게 했다.

퇴근길에 은수는 동네 포장마차에 들러서 혼술을 했다. 오늘 밤은 맨 정신으로는 도저히 잠을 이루지 못할 것 같았다. 소주를 두 병째 비우고 있는데, 지수가 후닥닥 뛰어 들어왔다.

"웬일이래? 우리 언니가 평소에 안 마시는 소주를 다 마시고? 회사에서 무슨 일 있었어?"

"일은 무슨 일? 노 프라브럼!"

"근데 왜 울상이야? 언니 성격상 남자 문제로 울 것 같지는 않고. 상사한테 한 소리 들었구나, 그치?"

순간, 참았던 설움이 복받쳐 올랐고, 눈물이 폭포수처럼 쏟아졌다. 가뜩이나 대인관계로 스트레스 받고 있는데 업무 관련해서 상사에게 욕을 먹게 될 줄이야.

"지수야, 나 이제 어떡하니? 앞으로 어떻게 살아?"

"그 자식 누구야? 누가 착하고 성실한 우리 언니한테 개소리를 했어? 이름만 대, 내가 가서 박살을 내줄게!"

"아냐, 괜찮아."

"근데 왜 자꾸 울어?"

"미안해서 그래, 미안해서! 내 자존심한테……."

은수는 동생 품에 안겨서 눈물 콧물을 흘리며 한참을 울었다.

●　　●　　●

세상일은 뜻대로 되지 않는다. 최선을 다했음에도 불구하고 결과가 기대에 미치지 못할 때가 있다. 결과를 중시하는 사회인지라 일이 뜻대로 안 될 경우에 우리는 이 모든 것을 자신의 능력 부족으로 받아들이고, 자존심에 상처를 입는다. 하지만 자존심이 상할 때일수록 자존감을 챙겨야 한다. 자존심이 '타인에게 인정받고 싶은 마음'이라면 자존감은 '있는 그대로의 나를 사랑하는 마음'이다. 비록 일이 틀어져서 타인에게 인정받지 못했다 하더라도 나 자신은 여전히 능력 있고 소중한 사람이다.

우리는 성적이 곧 자존심이었던 학창 시절을 보냈다. 성적이 떨어지면 주변에서는 걱정 내지는 동정을 했다. 자존심을 지켜야만 자존감도 지킬 수 있었던 환경이었다. 사회에서는 이런 공식이 통하지 않는다. 공부는 대체적으로 노력한 만큼 성과를 얻을 수 있지만 세상일은 그렇지 않다. 죽어라 노력해도 취업에 실패하기도 하고, 잘 살아보겠다고 쉬지 않고 일하다가 건강을 잃기도 한다.

일을 도모하는 것은 사람이지만 그 성패는 하늘의 뜻에 달려 있다. 그러니 자존심이 상할지라도 자존감마저 잃어서는 안 된다. 나 자신을 불신하기 시작하면 불안감은 커지고, 상황은 점점 더 나빠질 뿐이다.

세상에는 수많은 변수가 숨어 있다. 상사에게 완벽에 가까운 보고서를 올렸다 하더라도 그날 상사의 기분이 엉망이면 트집 잡혀 잔소리를 들을 수도 있는 것이다. 특허청 심사관으로 일하면서 연구한 논문을 발표하기도 했던 알베르트 아인슈타인은 "성공한 사람이 되려고 노력하기보다 가치 있는 사람이 되려고 노력하라"고 충고했다. 과정에 최선을 다했다면 결과에 연연할 필요는 없다. 그럴수록 불안만 증폭될 뿐이다.

● ● ●

자존감이 높은 사람은 '가치 있는 삶'을 추구한다.
가치는 결과보다는 과정 속에 있다.
과정에 충실했다면 결과와 상관없이 그 자체로 멋진 삶이다.

억울한 누명이
나를 뒤흔들지라도

"백 대리, 솔직하게 말해봐. 정말 안 받았어?"

늘 웃던 김 차장이 평소와는 달리 굳은 표정으로 물었다. 대훈이 알던 것과는 전혀 다른 사람 같았다.

"네, 안 받았습니다! 제가 왜 그런 돈을 받아요?"

"그쪽에서는 줬다고 하잖아? 아들 같은 B 대리한테 룸살롱 접대까지 했다고……."

"이 회사에 B 대리가 저만 있는 건 아니잖아요? 전 정말 아니에요!"

"나야, 백 대리를 믿지! 근데 감사팀에서 자네 말을 믿어주겠어?"

"사실관계를 확인해보면 진실이 드러나겠죠. 하지만 솔직히 섭섭합니다! 김 차장님도 그렇고 팀원들도 그렇고……."

대훈은 더 말하려다 뒷말을 삼켰다.

'리베이트 사건'은 협력업체 D사 사장이 한밤중에 SNS에다 '중소기업 사장의 비애'라는 글을 올린 것이 발단이었다. 중소기업 사장으로서의 고달픈 삶을 토로했는데, 하청을 따기 위해서 자식 같은 B 대리에게 룸살롱 접대를 하고, 리베이트까지 건네줬다는 내용이었다. 글은 1시간 만에 내려갔지만 이미 온라인상에 퍼질 대로 퍼진 뒤였다.

대훈이 아침에 출근하니 회사가 발칵 뒤집어져 있었다. 사람들은 대훈의 인사도 건성으로 받으면서 슬금슬금 눈치를 살폈다. 하룻밤 사이에 달라진 사람들의 태도에 의아해하고 있는 대훈을 김 차장이 다짜고짜 회의실로 데려갔고, 자초지종을 들려줬다.

"그러지 말고 다 털어놔! 감사 들어가면 어차피 드러나게 돼 있어. 미리 알아야 해영3팀 차원에서 방어해줄 거 아냐?"

"하아, 정말 답답합니다. 할 수만 있다면 가슴이라도 열어서 보여드리고 싶네요."

대훈은 목을 꽉 조이고 있는 넥타이를 느슨하게 풀었다. 그럼에도 불구하고 여전히 숨 쉬기가 불편했다.

●　　●　　●

오해나 누명은 삶을 통째로 흔들어서 불안 속으로 밀어 넣는다. 살다 보면 오해를 받거나 누명을 뒤집어쓰기도 한다. 좋은 의도로 시작한 일인데 사기꾼 취급을 받고, 단순히 호텔 커피숍에서 차 한 잔 마셨을 뿐인데 불륜으로 오해받고, 있는 그대로의 진실을 말했을 뿐인데 오히려 거짓말쟁이로 따돌림을 당하기도 한다.

때로는 누군가 악의를 갖고 누명을 씌우기도 한다. 하지도 않은 일을 인정하라고 강요받을 때는 억울한 마음에 극단적인 생각마저 떠올리게 된다.

인간의 뇌는 다양한 기능을 지니고 있지만 AI처럼 정확하지 않다. 자신이 보고 싶은 것만 보고, 듣고 싶은 것만 듣는 경향이 있다. 상황에 따라 착각과 혼동을 일으키거나, 상황을 자기 멋대로 해석하고, 근거 없는 확신에 사로잡혀 무고한 사람에게 죄를 묻기도 한다. 또, 자극적인 것을 즐기는 경향이 있어서 비눗방울처럼 사소한 사건도 애드벌룬처럼 부풀려 생각하곤 한다. 흥분된 상태의 뇌가 평상심을 되찾기까지는 시간이 필요하다. 어느 정도 시간이 흐르면 이성적인 시각으로 사건을 바라보게 되고, 비로소 오해였음을 깨닫는다.

그러나 뒤늦게 진실을 알았다고 하더라도 당사자를 찾아가 사과하는 사람은 거의 없다. 상처 입은 사람은 내가 아니기 때문이다. 세상에 오보나 가짜 뉴스가 넘쳐나지만, 정정보도는 사막의 오아시스처럼 찾아보기 힘든 이유도 이 때문이다.

억울한 누명을 썼지만 아무리 노력해도 밝힐 수 없는 경우, 마음만이라도 굳건하게 먹어야 한다. 오해받는 처지에서 마음마저 약해지면 인생의 지반이 위태로워진다. 억울함은 상처와 같아서 만지면 만질수록 악화된다. 차라리 세월이라는 거즈로 덮어놓는 게 현명하다.

'하늘을 우러러 조금도 부끄럽지 않아! 그럼 된 거 아냐?'

내 편이 없어서 아무도 나를 위로하지 않을 때는 스스로라도 위로할 필요가 있다. 대부분의 오해는 시간이 지나면 저절로 풀린다.

만약 누군가의 악의적인 거짓말로 인해서 발생한 오해라면 그와 대화를 나눠보는 것도 좋다. 그 역시 나에 대한 어떤 오해 때문에 그런 행동을 했을 가능성이 높다. 허심탄회하게 대화해보면 의외로 간단히 오해가 풀리기도 한다.

골던 딘은 "싸움이 벌어지는 대부분의 원인은 오해 때문임을 명심하라"고 조언한다. 다른 사람을 통해서 나에 관한 안 좋은 소식을 들어서 화가 나더라도, 오해일 수도 있다는 사실을 염두에 둔다면 불필요한 싸움을 방지할 수 있다.

●　●　●

오해가 생겼을 때는 그 자리에서 적극적으로 해명하면 풀리는 경우도 있지만 마음의 상처만 더 커지는 경우가 대부분이다.

노력해도 오해가 풀리지 않을 때는 한 걸음 물러서서 시간의 마법에 기대는 게 낫다.

사소한 감정이 우리를 불안하게 한다

"은수 씨, 이거 회의자료인데 한 부씩만 부탁해!"

박 대리가 서류 뭉치를 불쑥 내밀었다. 은수는 의아해하며 뒤를 돌아보았다. 복사와 같은 사소한 일은 올해 입사한 막내나 계약직 사원의 몫이었다. 자리를 비웠나 싶어서 돌아보니, 두 사람 모두 자리에 있었다.

"받아, 팔 아파!"

은수는 마지못해 서류를 받아들고 자리에서 일어났다.

복사를 하다 보니 한숨이 절로 나왔다. 대리 승진을 코앞에 두고 있는 입장에서 이런 단순 업무를 할 시기는 아니었다. 박 대리는 팀장 라인이었다. 팀장은 지난번 '보고서 사건' 이후로 업무에서 은수를 배제했다. 그걸 여우 같은 박 대리가 눈치채지 못할 리 없었다.

'진짜 해도 너무하네!'

팀원 수만큼 자료를 복사해서 회의실에 비치해놓은 은수는 회의 시간까지 다소 여유가 있어서 옥상으로 올라갔다. 미세먼지로 뿌옇게 뒤덮인 서울의 상공을 올려다보았다. 가슴이 체한 듯 답답했다. 발아래는 크고 작은 빌딩들이 서 있고, 수많은 차와 사람이 오가고 있었다. 문득, '왜 사는 걸까?' 하는 생각이 들었다. 은수는 외벽 가까이 다가섰다.

'이렇게까지 살아야 할 이유가 있을까?'

점점 무언가 강력한 힘이 은수를 밑으로 끌어당기는 것 같았다. 순간, 뛰어내리고 싶다는 충동이 솟구쳤다. 무심코 한 발 전진하려다 깜짝 놀라서 재빨리 뒤로 물러섰다. 갑자기 눈물이 핑 돌았다. 은수는 두 팔로 자신의 몸을 두드리며 중얼거렸다.

"괜찮아, 괜찮아."

다리에 맥이 탁 풀리면서 빠르게 뛰던 맥박이 서서히 가라앉았다.

●　●　●

한국 사회는 수직적 조직문화를 갖고 있다. 상사와 부하직원 사이는 물론이고, 직급이 같은 동료라 하더라도 입사시기에 따라 위계질서가 분명하다. 이런 환경에서는 상사의 감정으로부터 자유로울 수 없다. 물론 수직적 조직문화는 의사결정의 속도가 빠르고, 그만큼 일

처리 또한 용이하다는 장점이 있다. 단점은 견제 장치가 없어서 상
부 지시가 잘못되었을 경우, 잘못된 방향으로 치닫게 된다는 것이다.
따라서 중요한 결정을 내려야 하는 경영기획실 같은 곳은 수평적 조
직문화가 적합하고, 위험이 따르는 현장 같은 곳에서는 수직적 조직
문화가 적합하다.

제4차 산업혁명 시대에 진입하면서 한국의 기업문화도 변신을 꾀
하고 있다. 직급을 단순화하고, '님', '프로', '매니저' 등의 호칭을 사
용해 서로를 존중할 수 있는 수평적 관계를 지향하고 있다. 그러나
여전히 상명하복의 의사결정 구조에다 눈에 보이지 않는 위계질서
가 존재하고 있어서, 생각했던 것만큼의 효과는 거두지 못하고 있다.

원활한 업무를 위해서는 상사의 명령을 따라야 한다. 그러나 상사
의 감정에 일희일비할 필요는 없다. 일일이 반응하다 보면 스트레스
만 점점 더 심해진다. 상사로 인한 감정 소모가 심하다면 기본 규칙
을 정해놓을 필요가 있다. 예를 들면 '공적인 명령은 따르고, 사적인
명령은 거부한다'거나 '잔소리나 개인적인 인신공격은 흘려듣고, 마
음에 담아두지 않는다'와 같은 대처 방안을 설정해놓으면 감정 조절
이 한결 쉬워진다.

상사가 일종의 오물과도 같은 부정적인 감정을 나에게 쏟아부을
때는 일절 대응하지 않는 것이 최선이다. 마음에 담아두고 되씹으면
되씹을수록 점점 더 오염되어서 육체도, 정신도 만신창이가 된다.

프랑스의 철학자인 알랭 바디우는 이렇게 충고한다.

"우리의 일상에서 사소한 감정을 어떻게 처리하느냐의 문제는 항상 중요하다. 사소한 감정이 도화선이 되어 큰 불행으로 발전하는 경우가 많기 때문이다."

사소한 감정은 마치 권투의 잽과 같아서 계속 허용하다 보면 한순간 카운터펀치를 맞게 된다. 그때그때 사소한 감정을 잘 처리한다면 그럭저럭 살 만하다.

상사는 내 감정을 존중하지 않는다. 다른 사람들도 마찬가지다. 그들은 자신의 감정을 통제하기에도 정신이 없다. 내 감정은 나 스스로 아끼고 존중해줘야 한다.

●　●　●

지치고 힘든 날에는 셀프 위로라도 하자.
스스로를 두 팔로 안고 다독이며 "괜찮아, 괜찮아!"라고 말해보자.
나는 정말로 괜찮은 사람이니까.

열등감은
불안의 결정체다

"해영3팀 백 대리 말이야, 낙하산이래."

"어쩐지! 출신 학교도 그렇고, 리베이트 먹고도 무사해서 이상하다 했어."

대훈은 회사 인근 카페에서 김 차장과 함께 커피를 마시다가 칸막이 너머에서 소곤대는 소리를 들었다.

리베이트 사건은 감사팀에서 사실관계를 확인한 결과 무혐의로 밝혀졌다. 협력업체 사장이 언급했던 'B 대리'는 작년에 사직한 해외영업2팀의 박 대리였다. 그럼에도 불구하고 사내에는 여전히 헛소문이 사실처럼 떠돌아다녔다.

'내가 낙하산이라고? 정말로 그런 배경이라도 있었으면 좋겠다!'

대훈에게는 두 가지 콤플렉스가 있었다. 어렸을 때는 가난 콤플렉스에 시달렸고, 입사하고 나서부터는 학벌 콤플렉스에 시달리고 있었다.

아버지는 아파트 경비원, 어머니는 식당 종업원이었다. 철없던 중고등학교 때는 곰팡이 냄새나는 반지하 연립주택이 싫어서, 친구들과 종일 밖으로 싸돌아다녔다.

철이 든 건 고등학교 2학년 겨울방학 때였다. 용돈을 타러갔다가 새파랗게 젊은 식당 여주인에게 연신 굽실거리면서 꾸지람을 듣는 어머니를 본 순간, 정신이 번쩍 들었다. 그날 이후로 대훈은 말 그대로 미친 듯이 공부를 했다. 그러나 기초가 워낙 부족해서 지방 사립대 영문학과에 진학하는 걸로 만족해야 했다.

'내가 사회에 나가 경쟁력을 갖추기 위해서는 뭘 해야 할까?'

미래에 대한 불안감을 떨쳐버릴 수 없었던 대훈은 고민 끝에 담당 교수를 찾아갔다. 교수는 한참을 생각하다 외국어 공부를 추천했다. 그 뒤로 대훈은 영어는 물론, 중국어와 일본어를 동시에 공부했다. 원서를 읽고, 스터디를 하고, 외국인 친구를 사귀었다. 자막 없이 영화나 드라마를 보며 관련 자격증을 취득했다. 학교 다닐 때는 물론이고 군복무 중에도 외국어만 죽어라 파고든 결과, 졸업 무렵에는 3개 국어에 능통하게 됐다.

"와아! 어떻게 거길 들어갔어?"

대기업에 입사하자 동창들은 믿을 수 없다는 눈빛이었다. 대훈이

다녔던 대학에서 공대생도 아닌 문과생이 대기업에 입사하기란 낙타가 바늘구멍에 들어가는 것만큼이나 어려운 일이었다. 멋지게 취업에 성공한 건 사실이었지만, 막상 회사에 들어간 후에는 학벌 콤플렉스에 시달렸다. 입사동기들은 물론이고, 상사들도 대부분 명문대 출신이었다. 출신 대학을 말하면 하나같이 깜짝 놀랐다. 어떤 상사는 대놓고 임원 중에 친척이 있는지 묻기도 했다.

대훈은 커피를 마시고 회사로 복귀하는 길에 은수를 발견했다. 오늘도 그녀는 혼자였지만 밤하늘의 별처럼 빛이 났다. 그녀와 가까워진 적도 없지만 왠지 점점 멀어져가는 것만 같아서 속이 쓸쓸름했다.

'여전히 가난하고, 비록 좋은 학교도 못 나왔지만, 난 내가 좋아. 내일의 나는 분명 오늘의 나보다 멋질 테니까!'

대훈은 불안감을 감추기 위해서 두 주먹을 불끈 말아쥐고 성큼성큼 걸어갔다.

●　●　●

열등감은 비교에서 비롯한다. 생존하는 데 있어서 남들보다 불리한 점을 발견하게 되면 열등감이 싹튼다. 따라서 열등감은 불안의 결정체라 할 수 있다. 대부분의 열등감은 양면성을 지니고 있다. 잘만 활용하면 세상을 살아가는 데 유용한 도구가 되지만 잘못 사용하면 나 자신을 해치고 만다.

필요는 발명의 어머니라는 말도 있듯이 열등감을 자기 발전의 계기로 삼아서 성공한 사람은 무수히 많다. 미래가 남들보다 불안하기에 남다른 노력을 기울여서, 마침내 성공에 이르는 것이다. 대표적인 인물로 미국에서 가장 존경받는 대통령인 에이브러햄 링컨을 꼽을 수 있다.

어려서부터 생활고에 시달렸던 그는 정규 교육을 받지 못했다. 학교 졸업장이 없으니 미래가 불안하게 느껴질 수밖에 없었을 것이다. 그는 농사꾼, 가게 점원, 뱃사공, 측량기사 등의 여러 가지 직업을 전전하면서도 손에서 책을 놓지 않았다. 사업에 실패한 뒤 일리노이 주의원 선거에 출마하지만 낙선했고, 새로 시작한 사업에서도 다시금 실패를 맛본다. 그럼에도 불구하고 그가 변호사 자격증을 딸 수 있었던 가장 큰 요인은 풍부한 독서량이었다.

아시아 최고 재벌인 청쿵그룹 회장인 리카싱은 아버지를 일찍 여의는 바람에 중학교 1학년 때 학교를 중퇴해야만 했다. 장남이었던 그는 가족의 생계를 책임지기 위해 철물점 점원, 찻집 종업원, 외판원 등 여러 직업을 전전했다. 그러다 22세의 나이에 주변 사람들에게 돈을 빌려서 플라스틱 공장 '청쿵'을 설립했고, 지금은 '홍콩에서 1달러를 쓰면 5센트는 리카싱의 주머니로 들어간다'는 말이 있을 정도로 거대한 제국을 건설하였다.

리카싱은 일찍이 학교를 그만두었지만 배움마저 중단한 것은 아니었다. 매일 새벽 4시에 일어나 중고등학교 과정을 독학으로 공부했고, 외판원 일을 할 때는 영어 단어장을 만들어 외우면서 돌아다녔다. 또한, 그는 평생 외국어를 공부했다. 라디오에서 외국어가 들려오면 발음을 따라 했고, 텔레비전에서 자막이 나오면 소리 내어 읽었다. 그 결과 수준 높은 영어 실력을 갖추게 되었다.

이제는 90세가 넘어 몸이 예전 같지 않지만 독서에 대한 열정만큼은 여전하다. 지금도 잠들기 전에 경제, 문학, 철학, 역사, 과학 등 다양한 분야의 책을 읽는다고 한다.

"태어날 때부터 열등한 인간도 없고, 태어날 때부터 우수하거나 고상한 인간도 없다. 태어난 뒤에 스스로 어떠한 행동을 하느냐에 따라서 만사가 결정된다. 그리하여 인간은 스스로를 열등하게도 만들고 고상하게도 만든다."

석가모니의 말처럼 세상은 어떤 마음가짐으로, 어떻게 살아가느냐가 중요하다.

치열하게 경쟁하며 살아가는 현대인에게 열등감은 피할 수 없는 운명 같은 것이다. 열등감은 자신감을 잃게 해서 가뜩이나 힘든 삶을 더욱 힘들게 한다. 어리석은 자는 열등감을 돋보기로 들여다보며 자기 파멸의 수단으로 사용한다. 반면, 현명한 자는 도약을 위한 발판으로 삼는다.

열등감이란 불안의 결정체여서, 깊이 파고들면 들수록 헤어 나올

수가 없다. 결국 운명이나 신세타령을 하다 초라한 죽음을 맞게 된다.

• • •

현명한 사람은 자신이 지닌 열등한 부분을 있는 그대로 받아들이고, 극복하기 위한 구체적인 전략을 세운다. 자신이 열등감을 삼킬 수는 있지만, 열등감이 자신을 삼킬 수 없다는 사실을 명확히 인식한다.

주인공이 되어야
불안이 사라진다

"김유신 씨, 분기 보고서는?"

"내일 퇴근 전까지 올리겠습니다."

"오탈자 각별히 신경 써라! 누구처럼 소수점 하나 잘못 찍어서 회사 발칵 뒤집어놓지 말고."

팀장이 슬쩍 은수를 돌아보며 말했다. 은수는 입사 초기에 저질렀던 실수를 떠올리고는 쓴웃음을 지었다.

"강 차장, 베트남 건은 어떻게 진행되고 있어?"

"마무리 중입니다. 이번 주 안에 정리해서 올리겠습니다."

"부사장님 관심 프로젝트니 잘 해야 돼!"

"네, 알겠습니다!"

팀장은 일일이 팀원들과 눈을 맞추며 업무 진행 상황을 체크했고,

마지막으로 은수 차례가 되자 지체 없이 시선을 돌렸다.

"박 대리, 팀원들 의견 수렴해서 회식 날짜랑 장소 정해봐. 불금에는 다들 바쁘신 분들이니까 수요일이나 목요일로 잡아. 자, 오늘 회의는 이걸로 끝!"

팀장을 필두로 해서 팀원들이 우르르 회의실을 빠져나갔다. 은수는 텅 빈 회의실에 한동안 앉아 있다가 천천히 몸을 일으켰다.

'보고서 사건' 이후 팀장의 유치찬란한 복수가 계속되고 있었다. 팀장은 은수에게 업무를 일절 맡기지 않을 뿐더러 은수가 진행하던 업무마저도 동료 직원에게 인계시켰다. 베트남 투자 프로젝트도 원래는 강 차장과 은수가 함께 진행하던 업무였다. 은수는 맡은 업무가 없으니 회의 시간 내내 인형처럼 말없이 앉아 있어야만 했다.

은수는 회의실 뒷정리를 한 뒤 제자리로 돌아갔다. 여기저기서 바쁘게 키보드 두드리는 소리가 들려왔다. 은수는 절전모드 상태인 시꺼먼 모니터만 말없이 바라보았다. 무료했다. 아니, 솔직히 슬펐다. 가슴 밑바닥에서 시꺼먼 연기 같은 것이 피어오르는가 싶더니 이내 마음속을 가득 채웠다. 출렁이는 어둠속에서 짓눌려 있던 감정들이 불쑥불쑥 튀어나왔다.

'이건 치욕이야! 이쯤 되면 퇴사가 정답이 아닐까?'

직장을 그만두면 과연 무엇을 할 수 있을까를 생각해봤다. 개인 사업은 아직 엄두가 나지 않았다. 그래도 찾아보면 분명 어딘가에 또 다른 길이 있으리라.

'차라리 한국을 떠나서 싱가포르나 홍콩에서 직장을 찾아볼까?'

은수는 생각을 멈추고 머리를 흔들었다. 퇴사할 때는 퇴사하더라도 지금은 아니었다. 팀장이 바라는 대로 고분고분 물러나고 싶지는 않았다.

'결국 월급충이 되었군. 내가 경멸해 마지않던……'

답답한 마음에 자리에서 일어나려고 엉덩이를 반쯤 들어 올렸다가 슬쩍 옆자리의 팀장을 돌아보고는 다시 주저앉았다. 자리를 비우면 근무 시간에 어딜 싸돌아다니느냐고 잔소리할 게 뻔했다. 그렇다고 가만히 앉아 있자니 속에서 용암 같은 것이 끓어올랐다.

'에이, 모르겠다! 넌 잔소리해라! 난 한 귀로 흘릴 테니.'

은수는 자리에서 벌떡 일어나 사무실을 나갔다.

옥상에 올라가서 북악산을 바라보자 가슴이 한결 트이는 것 같았다.

"세상에 쉬운 게 없구나! 어쩌면 공부가 가장 쉬운 건지도 몰라."

노동일, 가스배달, 택시 기사 등을 병행하면서도 S대 인문계열 수석 합격의 영광을 누렸던 선배가 떠올랐다. 그는 『공부가 가장 쉬웠어요』라는 수기를 냈고, 장안의 화제를 불러일으키며 베스트셀러 작가 반열에 올랐다. 상당히 오래전 일임에도 불구하고 여전히 세간에서 회자되는 까닭은, 세상살이가 팍팍하다 보니 그 말에 공감하는 사람 또한 적지 않기 때문이리라.

학교에 다닐 때는 은수 역시 회사원을 우습게 여겼다. 대학을 졸업하고 나서 평범한 회사원이 될 줄은 꿈에도 몰랐다. 설령 직장을 다닌다 해도 모두에게 주목받는 반짝반짝한 인재가 될 줄 알았다. 비로소 알 것 같았다. 왜 졸업생 게시판에 전문직에 대한 찬양이 이어지는지, 왜 멀쩡히 직장에 다니던 이들이 리턴해서 로스쿨에 들어가는지. 어째서 뒤늦게 지긋지긋한 공부를 다시 하기 위해서 대학원에 진학하고, 전 재산을 탈탈 털어서 유학을 떠나는지. 그건 바로 세상에서 서서히 지워져가는 자신의 모습을 지켜보기가 힘들기 때문이었다. 밀란 쿤데라의 소설 제목처럼 '참을 수 없는 존재의 가벼움'을 스스로 용납할 수 없어서였다.

학문에 대한 갈증보다는 존재도, 의미도 없이 이대로 사라져가고 싶지 않다는 소리 없는 함성이요, 몸부림이었다.

은수는 팀장을 생각하다가 두 주먹을 불끈 쥐었다.

"당신이 아무리 날 지우려고 해도 난 절대 지워지지 않아! 나를 지울 수 있는 건 오로지 신뿐이야."

● ● ●

사람들이 하는 고민거리 중 상당수는 대인관계와 관련된 것이다. 살아가다 보면 특별히 잘못한 일도 없는데 누군가에게 미움받을 때가 있다.

대인관계가 어려운 까닭은 관계에 금이 갈 경우, 감정적 고통이 수반되기 때문이다. 감정이란 현재 내가 겪고 있는 경험에 대한 정신적 반응이다. 관계에 금이 갔다는 것은 평온한 정신세계가 흔들리며 불안이 시작되었음을 의미한다. 관계에 문제가 생겼을 경우에는 처리를 마냥 미뤄두지 말고 충분히 감정을 표출한 다음, 어떤 식으로든 결론을 내리는 것이 좋다.

세상일이 순조롭게 풀릴 때면 세상이 더없이 아름답다. 하지만 뜻대로 되지 않을 때면 세상이 추악해 보인다. 그 어디에서도 삶의 의미를 찾을 수 없고, 나라는 존재 자체도 무가치하게 느껴진다.

우리의 모든 감정은 뇌의 변연계에서 처리한다. 변연계에 문제가 생길 경우, 혈액이 안쪽의 뇌간으로 쏠려서 전두엽에 충분한 혈액이 공급되지 못하고, 그로 인해 이성적인 판단을 내릴 수 없게 된다. 기억력 또한 현저히 떨어져서 총체적인 문제를 야기하기 때문에 뇌는 감정적인 문제를 우선순위에 두고 처리하려고 한다.

변연계에서 감정 처리가 제대로 되지 않으면 감정적인 문제가 몸을 통해서 나타난다. 불면이나 과수면 증상이 생기고, 체중이나 식욕이 감소하거나 증가하고, 피로감 때문에 집중력과 판단력이 떨어지고, 심한 결정 장애에 시달리게 된다. 모두 전두엽과 변연계에 연결성이 감소하면서 발생하는 현상이다. 우울한 상태에서 무기력하게 시간을 보내다가 심해지면 때로는 극단적인 선택을 하기도 한다.

세상을 살아가며 항상 명심해야 할 것은 '내 인생의 주인공은 나'

라는 사실이다. 원했든 원하지 않았든 어차피 세상에 태어났으면 주인공으로서의 역할에 충실할 필요가 있다. 주인공의 자격은 거저 주어지지 않는다. 대인관계로 인한 갈등이나 고난, 시련 등은 주인공의 자질을 평가하는 일종의 시험 같은 것이다. 주인공으로서의 자질은 그것들을 어떻게 해석하고 극복하느냐에 달려 있다.

세계적인 신화학자인 조셉 캠벨은 그의 저서인 『천의 얼굴을 가진 영웅』에서 신화 속 영웅들의 이야기에는 일정한 패턴이 있다고 말한다. 영웅의 여정은 큰 틀에서 보면 '출발 – 입문 – 회귀'의 구조를 지닌다는 것이다. 평범한 삶을 살아가다 운명의 부름을 받게 되고, 두려움 때문에 망설이지만 결국 소명 의식을 안고 미지의 세계로 길을 떠난다. 혼자 힘으로 극복하기 힘든 장애물을 넘는 과정에서 멘토를 만나 용기와 힘을 얻은 뒤 모험의 세계로 들어선다.

적과 싸우며 역량을 기르고, 조력자를 얻어 세력을 키우면서 온갖 고난과 시련을 이겨낸다. 그러다 마침내 강력한 적과 마주하게 되지만 마음속 가득했던 공포를 극복해내고 적을 물리친다. 그에 대한 보상으로 보물을 손에 넣으며, 세상에 영웅 탄생을 알린다.

돌아가는 길도 순탄하지 않다. 예측할 수 없는 불가사의한 세계가 펼쳐지고, 보물을 탐내는 자들로 인해 위기에 처하기도 하지만 끝내 보물을 갖고 귀환함으로써, 몸담았던 공동체에 기쁨과 이익을 안겨준다.

'영웅의 여정'은 한마디로 시련 극복 과정이다. 신화 속 주인공이나 내 인생의 주인공이나 영웅으로 등극하는 과정은 유사하다.

프랑스 소설가인 오노레 드 발자크는 이렇게 말한다.

"불행 앞에 우는 사람이 되지 말고, 불행을 하나의 출발점으로 삼는 사람이 되어라. 불행은 예고 없이 도처에서 우리를 기다리고 있다. 그러나 우리는 불행을 딛고 그 속에서 새로운 길을 발견할 힘이 있다."

대인관계가 틀어졌다고 낙담하거나 좌절하지 마라. 견디기 힘든 시련이 찾아왔다고 해서 순순히 무릎 꿇지 마라. 고개를 들어 정면을 응시하고 마음속으로 이렇게 외쳐라.

●　●　●

"마침내 때가 왔다! 내 인생의 참된 주인공이 되기 위해서 두려움을 극복하고, 영웅의 여정을 떠나야 할 바로 그 순간이 도래했다."

기대치를 조절하면
불안을 달랠 수 있다

"대체 1년 동안 뭘 한 거야?"

'개인업무 성과 평가서'를 작성하던 대훈은 한숨을 내쉬었다.

지난 1년 동안 정신없이 바쁘게 살아온 것 같은데 뚜렷한 성과가 없었다. 중점적으로 추진했던 프로젝트는 세 개였다. 그 가운데 정 과장이 가로챈 프로젝트만 유일하게 성공을 거뒀다. 하지만 정 과장의 성과로 이미 확정돼서 기재할 수 없었다. 또 하나는 국제 정세 변화로 최종 단계에서 보류되었고, 다른 하나는 원자재 가격 상승, 원화가치 하락, 납기기한 초과 페널티 등으로 인해 수익이 미미했다.

팀장이나 동료가 주도해서 성공적으로 끝난 프로젝트의 지원 업무를 기재해 나가다 보니 은근히 자존심이 상했다. 하지만 빈칸을 채우려면 어쩔 수 없었다.

"수고했어!"

평가서를 올리자 팀장이 슬쩍 눈으로 훑으며 말했다.

"올해는 정 과장이 꼭 승진해야 해! 성과를 몰아줄 거니까 섭섭해하지 마라."

"네, 알고 있습니다!"

대훈은 성과 점수에 연연해하지 않는 척했지만 마음이 불편했다. 학벌 콤플렉스를 극복하기 위해서 누구보다 성실히 업무에 임했건만 눈에 보이는 성과가 없었기 때문이었다.

'한 해 동안 밥값도 못 하고…… 이러다 팀에서 방출되는 거 아냐?'

불길한 생각이 떠오르기 시작하자 꼬리에 꼬리를 물고 이어졌다.

'그만! 다 끝났어. 깨끗하게 리셋하고 내년부터 잘 해보자!'

대훈은 한차례 심호흡을 한 뒤, 내년 사업계획서를 작성하기 위해 컴퓨터 앞에 앉았다. 며칠 전부터 구상해뒀던 아이디어를 문서화하기 시작했다. 괜찮은 사업 아이템이라고 생각했는데, 숫자로 구체화하면서 관련 자료를 검색해보니 몇 가지 문제점이 있었다.

'이것도 계륵이네! 먹기도 그렇고, 버리기도 그런…….'

일단 보류해놓고 틈틈이 떠오르는 아이디어를 모아놓은 파일을 열었다. 대훈은 정신을 집중해서 문서를 검토하기 시작했다. 아이디어가 몇 개 눈에 띄었지만 '이거다!' 싶은 것은 없었다. 커서를 밑으로 내리면서 그의 표정이 점점 어두워졌다.

● ● ●

'노력은 배신하지 않는다'고 하지만 세상을 살다 보면 항상 맞는 말은 아니다. 믿고 의지할 데가 몇 없기 때문에 그저 믿고 싶은 것뿐이다. 나의 노력이 헛되지 않기를 간절히 바라며. 특히 직장 생활을 하다 보면 한 번쯤은 실감하게 된다. 노력한 만큼 성과가 나올 때도 있지만 그렇지 않을 때가 더 많다. 동료는 별다른 노력 없이 높은 성과를 올리는데, 나는 죽어라 해도 성과가 나지 않을 때가 있다. 그럴 때는 꼼꼼하게 되짚어봐야 한다. 노력한 것 이상의 기대를 품고 있었던 것은 아닌지, 욕심이 지나친 것은 아닌지.

같은 지역에서 같은 수확량을 거둔 농사꾼들에게 "노력한 만큼 결실을 거뒀습니까?"라고 물어봐도 대답은 제각각이다. 그 이유는 기대 때문이다. 어떤 일이든 간에 일단 시작하면 사람은 저마다 가슴속에 기대를 품는다. 기대치가 높은 농부는 자신의 수확량이 초라해 보이고, 기대치가 낮은 농부는 자신의 수확량에 만족해한다.

그렇다면 기대치를 낮춰야 할까? 굳이 그럴 필요는 없다. 기대치가 낮으면 굳이 열심히 하지 않아도 되므로 게으름을 피우게 된다.

그렇다면 기대치를 높여야 할까? 그것도 바람직한 방법은 아니다. 기대치가 너무 높으면 초반에는 열심히 하지만, 결과가 기대치에 미치지 못할 거라는 걸 알고 나면, 실망해서 중도에 포기하게 된다.

시작할 때는 일단 높은 기대치를 갖고 시작하되, 진행 상황에 따라

기대치를 적절히 조절하고, 결과를 받아들여야 할 시기에는 기대치를 낮추는 것이 현명한 전략이다. 그래야 시시각각 밀려드는 불안을 달랠 수 있다.

영국의 시인이자 정치가인 조셉 에디슨은 이렇게 충고한다.

"인생에서 성공하기를 바란다면 인내를 절친한 친구로, 경험을 현명한 조언자로, 신중을 형님으로, 희망을 수호신으로 삼아라."

●　●　●

내가 할 수 있는 한도 내에서 최선을 다했으면 결과는 담담하게 받아들여야 한다.

중요한 것은 연속성을 갖고서 꾸준히 앞으로 나아가겠다는 마음가짐이다.

눈보라 속에도
필 꽃은 반드시 핀다

"어머, 이거 맞아?"

"왜, 왜?"

"아무리 찾아봐도 오은수 씨가 승진자 명단에 없어!"

"에이, 그럴 리가."

"나도 이상해서 세 번이나 찾아봤는데도 없어!"

사내 게시판 앞에 수많은 사람이 모여 있었다. 은수는 몇 발짝 뒤에 떨어져 있다가, 동기들이 게시판 앞에서 주고받는 대화를 듣고는 미련 없이 돌아섰다. '설마'가 결국은 현실이 되었다.

올해는 입사동기들이 정식으로 대리 승진을 하는 해였다. 특별한 공을 세웠거나 조직에서 인정받은 동기들 몇은 이미 작년에 승진했다.

"우리 학교 출신들은 부장까지는 고속도로야. 그 이후가 문제지!"

취업설명회에 만났던 선배의 목소리가 머릿속에서 메아리쳤다.

사무실에 앉아 있는데 뒤통수가 따가웠다. 팀원들이 동정 어린 시선으로 은수를 봤다. 그 뒤편에는 '네가 아무리 잘난 체해도 내가 너보다 낫다'는 우월감이 숨어 있었다. 은수는 태연한 척 모니터를 들여다보고 있었지만 당혹스러웠다. 대학 다닐 때는 괴물들이 워낙 많아서 그랬다 치더라도, 사회에 나와서 동기들보다 뒤처질 줄은 상상조차 해본 적이 없었다.

종일 멍하니 앉아 있다가 주위를 둘러보자 아무도 없었다. 깜짝 놀라 시계를 보니 어느새 퇴근 시간이 지나 있었다. 입사동기 단체채팅방에는 백 개가 넘는 카톡이 와 있었다. 승진 축하인사가 대부분이었고, 승진 축하연에 관련된 내용도 보였다. 은수는 축하연 장소를 기억해뒀다. 참석 목적이 아니라 멀찍이 돌아가기 위함이었다.

'승진, 별거 아냐! 맘에 담아둘 거 없어.'

그렇게 읊조리며 복도를 지나 엘리베이터 앞에 멈춰 선 순간, 눈물이 후두두 쏟아졌다. 은수는 얼른 눈물을 훔치며 습관적으로 주변을 둘러보았다. 다행히도 아무도 없었다. 행여 누구라도 마주칠까 고개를 푹 숙인 채 화장실을 향해 빠르게 걸어갔다.

●　●　●

흔들리지 않고 피는 꽃이 어디 있으랴

이 세상 그 어떤 아름다운 꽃들도

다 흔들리면서 피었나니

흔들리면서 줄기를 곧게 세웠나니

흔들리지 않고 가는 사랑이 어디 있으랴

　도종환 시인의 시 〈흔들리면서 피는 꽃〉의 일부다. 내가 좋아하는 시 중 하나다. 세상의 꽃들은 흔들리며 피지만 그중에는 '늦게 피는 꽃'도 있다. 장미는 대개 5월 중순에 피었다가 6월 하순이면 진다. 커다란 꽃이나 넓은 이파리 뒤에 숨어 있던 꽃은 다른 꽃들이 시든 뒤에야 비로소 자태를 드러낸다.

　사람도 마찬가지다. 별 볼일 없던 배우였던 사무엘 잭슨은 43세의 나이에 칸 영화제에서 남우조연상을 수상하며 주목받기 시작해 지금은 미국을 대표하는 배우가 되었다. 가장 성공한 여성 사업가 중 한 명으로 꼽히는 매리 케이 애쉬는 45세 때 '메리 케이 코스매틱스'라는 회사를 차리고 화장품 판매 사업을 시작했다. 믹서기 세일즈맨이었던 레이 크록은 53세 때 맥도날드를 창업했다. 임마누엘 칸트는 50대 후반이 되어서야 비로소 『순수이성비판』과 같은 철학서를 집필하기 시작했다.

　청춘일 때는 한 해가 무척 길게 느껴진다. 그래서 재수나 삼수를 생각할 때도 나이를 생각하고, 대학을 다니다가 꿈이 변해 새로 입시 공부를 시작하려 해도 나이를 생각한다. 직장을 다니다 뒤늦게 로스쿨에 지원하거나 유학을 떠나려 해도 나이를 생각하지 않을 수 없다. 경제적인 여유가 된다면 다시 시작하는 것도 나쁘지 않다. 지금은 친구들보다 7, 8년쯤 뒤처지는 것이 엄청난 차이 같겠지만 세월이 흐르고 나면 그 갭은 대부분 메워진다.

승진 또한 동기들이 승진할 때 못 하게 되면 패배자가 된 것 같고, 출셋길이 영영 막힌 것만 같아서 불안하다. 초년 운이 좋다고 해서 반드시 유리한 것도 아니다. 신은 변덕이 심해서, 초반에 잘나간다고 해서 후반도 잘나간다는 법도 없다. 초년 운을 경계하라. 초년에 잘나가던 사람이 후년에 추락하게 되면 그 절망감은 이루 말할 수 없다.

영국의 계관시인 존 메이스필드는 이렇게 말한다.

"인생에서는 마지막에 웃는 자가 가장 오래 웃는 자다."

실패했다고 불안해하지 마라. 인생은 아직 끝나지 않았다. 세상에는 일찍 피었다가 일찍 지는 꽃이 있듯이, 늦게 피는 꽃도 있다.

●　　●　　●

거센 비바람이 불고 눈보라가 쳐도,
필 꽃은 반드시 핀다.

PART 3

흔들리는 자신감, 휘청거리는 자존감

너무 많은 사람이 자신이 하지 않은 것을 과대평가하고,
자신이 하는 것은 과소평가한다.
– 말콤 S. 포브스

험담은 불안을 감추기 위한 위장술이다

지혜는 모처럼 고등학교 동창 모임에 참석하기로 마음먹었다. 지긋지긋한 현실에서 아주 잠깐이라도 벗어나고 싶었다.

5년 넘게 공무원시험을 준비하며 비슷비슷한 문제를 풀다 보니, 어떤 때는 내가 문제를 풀고 있는 것이 아니라 문제가 나를 풀고 있다는 착각마저 들었다. 긴장감은 물론이고, 집중력도 떨어져서 요즘 들어 멍 때리고 있을 때가 많았다. 동기 부여도 할 겸, 기분 전환도 할 겸해서 모처럼 화장까지 하고 가장 예쁜 옷을 꺼내 입었다.

음식점에 도착하니 여섯 명이 모여 있었다. 모두 고등학교 때 허물없이 지내던 사이였다. 그중 둘은 중소기업에서 일하고 있고, 둘은 전업주부고, 둘은 백수였다. 떠들썩한 인사가 끝날 무렵 술과 안주가 나왔다. 적당히 취기가 오르자 잘나가는 동창들이 화제에 올랐다. 첫 번째 먹잇감은 몇 달 전에 대기업 사장 아들과 결혼한 친구였다. 지혜와는 같은 반인 적이 없어서 아는 사이는 아니었지만, 워낙 미모가 뛰어나서 유명했었다.

"걔 완전 팔자 고쳤어!"

"고등학교 때부터 불여우였잖니? 얼마나 꼬리 치고 다녔으면 다른 학교 애들까지 교문 앞에서 죽치고 기다렸을까!"

"헤프기는 좀 헤펐니? 내가 아는 남자만 해도 한 트럭이다!"

"내가 걔 성격 잘 아는데, 분명 결혼 생활 오래 못 가. 길어야 2년 본다."

"2년은 무슨, 난 18개월!"

친구들은 일제히 까르르 웃었다. 지혜도 분위기를 맞추느라 따라 웃기는 했지만 그리 즐겁지는 않았다.

두 번째 먹잇감은 얼마 전, 광화문 지하보도에서 만났던 은수였다. 은수는 전교 1등이어서 재학 중에는 물론이고, 졸업 후에도 꾸준히 동창들의 입방아에 오르내렸다.

"걔 회사에서 왕따래!"

"그거 소문 아냐?"

"백퍼 진실! 같은 회사 다니는 사촌 언니한테 들은 거야. 구내식당도 있는데, 점심 시간에 분식집에서 혼자 라면 먹는대!"

"걔도 보면 참 답답해! 아니, 그 좋은 머리로 로스쿨 가서 변호사나 하지, 왜 취업을 했대?"

"요즘 변호사가 공부만 잘하면 되는 줄 아니? 그것도 다 영업이 야!"

"하긴, 진짜 요즘은 공부만 잘해봤자 말짱 황이야!"

"그러니까! 난 걔가 점심 시간에 교실에 혼자 남아서 도시락 먹는 거 보고, 사시나 행시 수석쯤은 너끈히 할 줄 알았어."

"나도, 나도! 기대가 커서 그런지 요즘 걔 보면 은근 배신감 들어!"

테이블에 술병과 안주 접시가 쌓여가는 동안 소위 잘나가는 친구들이 줄줄이 불려 나와서 도축장의 소나 돼지처럼 해체됐다. 모처럼 술을 마셨기 때문일까, 끝없이 이어지는 수다 때문일까? 예전에는 친구들을 만나면 시간 가는 줄 몰랐는데 갈수록 시간이 아깝게 느껴졌다. 차라리 고시원에서 잠이나 실컷 잘걸, 괜히 나왔다는 후회마저 들었다.

결국 지혜는 모임을 주관한 친구에게 회비를 건네고는 슬쩍 빠져나왔다. 지하철역을 향해 걷다 보니 은수의 목에 걸려 있던 사원증이 부러웠던 그날 일이 떠올랐다. 회사에서 왕따라는 얘기를 들은 탓인지, 차나 한 잔 하자는 제의를 뿌리친 것이 은근히 마음에 걸렸다.

"친구야, 미안! 너도 없는 자리에서 험담해서……."

혼잣말로 중얼거리고 나자 왠지 사과가 미흡하다는 생각이 들었다.

"부러워서 그랬다, 부러워서! 너만 떠올리면 내가 못나 보여서."

은수는 시계를 보았다. 고시원에 도착하면 10시 반쯤 될 것 같았다. 잠들기 전에 한두 시간이라도 책을 봐야 하는데 가는 동안 술이 깰지 의문이었다.

•　•　•

"내가 없는 자리에서 나에 대해서 좋게 말하는 사람이 진정한 친구다."

영국의 선교사이자 역사학자인 토마스 풀러의 말이다.

인간의 뇌는 나를 위주로 생각하고 행동한다. 나를 최우선적으로 생각하다 보니 피를 나눈 형제마저도 은연중에 경쟁상대로 여긴다. 친구는 좋은 경쟁상대여서 습관처럼 나와 동일선상에 놓고 비교한다. 나보다 잘나가는 친구와 함께 있으면 위축되고, 나보다 못 나가는 친구와 함께 있으면 어깨를 으쓱하게 된다.

그러다 보니 대개는 친구 앞에서는 좋게 말하고, 등 뒤에서는 험담을 한다. 그 이면에는 현재의 삶이 만족스럽지 않다는 생각과 나도 인정받고 싶고, 주목받고 싶다는 경쟁 심리가 깔려 있다. 또한, 험담을 늘어놓는 동안에는 내 삶을 둘러싼 각종 불안을 잠시라도 잊을 수 있다.

험담을 늘어놓는 친구의 말에 맞장구치면 그때는 재미있을지 몰라도 사실은 위험한 행동이다. 내가 없는 자리에서는 나에 대한 험담을 늘어놓을 가능성이 높기 때문이다. 실컷 험담을 늘어놓고 돌아서면 잠시 잊었던 불안감이 더 큰 파도로 들이닥친다.

누군가 본격적으로 험담을 늘어놓으려 할 때는 맞장구치기보다는 험담을 늘어놓으려는 사람의 장점을 찾아서 칭찬해주는 게 현명하다.

"나는 너의 성실성이 부러워. 살면서 여러 사람을 만났지만 너처럼 성실한 사람은 본 적이 없거든."

칭찬받으면 상대방은 그 즉시 열등감 내지는 불안을 잊을 수 있다. 굳이 험담하지 않아도 소기의 목적을 달성했기 때문에 화제를 돌리게 된다.

잘나가는 친구에 대한 험담은 열등감의 산물이다. 인정받고 싶다면 친구의 성공에 자극받아 분발의 계기로 삼아야지, 불안을 해소하는 방편으로 삼아서는 발전을 기대할 수 없다. 지나친 험담은 열등 콤플렉스로 이어지고, 열등 콤플렉스는 '난 안 돼!'와 같은 생각을 불러와서 점점 더 무기력해진다.

삶의 가치도 세월과 함께 변한다. 불과 10여 년 전까지만 해도 '성공'을 삶의 가장 큰 가치로 생각하는 사람들이 많았다. 그런데 3, 4년 전부터는 '행복'을 우선순위에 놓는 사람들이 점점 늘어나고 있다. 진정으로 행복한 삶을 살고 싶다면 '타인에게 인정받고 싶은 마음, 자존심'보다 '있는 그대로의 나를 사랑하는 마음, 자존감'에 좀 더 관심을 가질 필요가 있다.

적절한 경쟁은 발전의 계기가 된다. 그러나 치열한 경쟁은 불안과 함께 스트레스를 불러와서 제 실력을 발휘할 수 없게 만든다.

삶은 제각각이고 한 번뿐이다. 군이 친구와 비교할 필요가 뭐가 있 겠는가. 친구에게는 친구의 삶이 있고, 나에게는 나의 삶이 있다. 험 담하기보다는 나보다 잘난 점을 인정하면서, 묵묵히 내 길을 걸어갈 때 행복이 슬그머니 찾아와 품에 안긴다.

● ● ●

일찍이 오스카 와일드가 충고하지 않았던가.
"너 자신이 돼라! 다른 사람은 이미 있으니까."

나쁜 습관이
불안감을 키운다

"오빠, 운동 가자!"

"오늘은 너 혼자 가! 아무래도 몸살 같아."

"핑계 대지 말고 일어나."

"나 진짜, 아파! 오늘 딱 하루만 쉴게."

"아, 진짜!"

성연이 노려보다가 방문을 쾅 닫고 나갔다. 성진은 이불을 머리끝까지 뒤집어썼다. 꿀처럼 달콤한 단잠이 쏟아졌다.

다시 눈을 떴을 때는 방안이 훤했다. 시계를 보니 10시가 넘어 있었다. 아버지와 성연은 출근했고, 어머니는 외출했는지 집 안이 텅비어 있었다.

'나는 왜 이렇게 의지가 약한 걸까?'

집중력이 떨어져서 체력이나 길러볼 겸, 새벽 조깅을 시작한 것은 사흘 전이었다. 귀찮아하는 성연을 꼬드겨서 시작했는데 결국 이번에도 사흘을 넘기지 못했다.

"지친다, 지쳐! 결심하는 것도 지치고, 자책하는 것도 지친다. 휴우—. 나는 도대체 왜 이렇게 약해 빠진 걸까?"

성진은 시계를 물끄러미 쳐다보았다. 밥 먹고 도서관에 가야 하는데, 새벽 운동을 빼먹은 탓에 도무지 의욕이 생기지 않았다.

'이왕 망친 거 하루 푹 쉬자. 대신 내일부터 빡세게 하지, 뭐!'

성진은 휴대폰을 집어 들고 침대에 누웠다. 카톡을 확인했지만 광고만 몇 개 와 있을 뿐이었다. 손가락으로 대충 화면을 넘기다가 구독 중인 웹툰을 이어서 보기 시작했다.

●　●　●

매년 새해가 되면 저마다 목표를 세운다. 그 가운데 달성하는 사람은 과연 얼마나 될까?

미국의 시장분석 기관인 통계브레인조사 연구소(SBRI)의 2014년 조사에 의하면, 새해 결심을 한 사람 중 고작 8%만이 성공하는 것으로 나타났다. 세계 각국에서 진행하는 '작심삼일'에 관한 연구 결과를 보면 통계 수치만 약간씩 다를 뿐 전체적인 흐름은 비슷하다. 왜 우리는 결심을 중도에 포기하는 걸까?

캐나다 토론토대학교 심리학 교수 피터 허먼과 자넷 폴리비 연구팀은 미국 심리협회(APA) 발행 학술지인 〈미국 심리학자〉에 흥미로운 논문을 발표했는데, 사람이 자기 행동변화에 실패하는 요인은 '헛된 희망 증후군(False-Hope Syndrome)'에 빠지기 때문이라는 내용이었다. 다시 말해, 자신의 실제 능력을 벗어난 비현실적인 결심이나 계획을 세우기 때문에 작심삼일과 같은 결과가 나타난다는 것이다.

미국 UCLA 의과대학교 임상심리학 교수였던 로버트 마우어는 자신의 저서 『오늘의 한걸음이 1년 후 나를 바꾼다』에서 우리의 뇌는 이미 습관화된 일들을 급진적으로 바꾸려 할 때 거부반응을 일으킨다고 말한다. 뇌는 방어 본능이 지배하고 있는데, 급진적인 변화를 시도할 경우, 위협으로 받아들여서 방어 체제에 들어간다는 것이다.

그렇다면 새로운 목표를 달성하기 위해서는 어떻게 해야 할까?

심리학자 리처드 와이즈먼은 1년간 약 5천여 명의 실험 참가자들을 분석한 결과, 목표를 달성한 사람들이 사용한 세 가지 심리학 기술을 발견했다.

첫째, 이중 사고(Double Think)를 활용했다. 이중 사고는 목표를 이루었을 때의 달콤함에만 빠져드는 것이 아니라, 목표를 이루기까지의 노고를 동시에 떠올려서, 지나친 낙관주의에 빠지는 것을 경계하는 심리 상태를 말한다.

둘째, 맹목적으로 존경하는 우상을 따라 하는 것이 아니라 가족이나 친구처럼 가까이 있는 사람들에게 실질적인 도움을 요청했다.

셋째, 변화에 따른 심리적 과부하를 고려했다. 새로운 일을 시작할 때 그에 따른 심리적 부담감을 고려해서 계획이나 일정을 부담되지 않도록 조정했다.

새로운 습관을 형성하는 데는 짧게는 21일, 길게는 254일까지 걸린다. 새로운 습관과 관련된 뇌 세포가 생성되어서, 방어 체제를 허물고 뇌에 자리 잡기까지 걸리는 기간이라 할 수 있다. 따라서 습관의 형성은 일종의 세포 혁명과 같다. 보수적인 뇌는 혁명을 좋아하지 않는다. 대부분의 결심이 무산되는 이유도 이 때문이다. 혁명이 순조롭게 이루어지기 위해서는 기존의 습관과 관련된 환경을 멀리하고, 새로운 습관을 들이기 위한 새로운 환경을 조성해야 한다.

뇌는 즐거움이 있는 일은 시키지 않아도 찾아서 한다. 신경전달물질인 도파민의 분비 등과 같은 적절한 보상이 주어질 경우에는 목표를 이루기가 더욱 용이해진다.

"습관을 바꾸는 것만으로도 인생을 바꿀 수 있다."

미국의 심리학자 윌리엄 제이스의 말이다.

'우리가 하는 행동의 4할은 의사결정이 아닌 습관의 결과'라는 연구 결과도 있다. 원하는 인생을 살고 싶다면 나쁜 습관은 한시라도 빨리 고쳐야 한다.

● ● ●

나쁜 습관은 버리고 좋은 습관만 길러도,
일상에서 느끼는 불안감을 줄일 수 있다.

가난하다고
불안해하지 마라

"오빠, 얼마나 기다린 거야?"

약속 장소에 가니 성진이 먼저 와 있었다. 딸기처럼 빨개진 코를 보니 괜히 미안한 마음이 들었다.

"너를 기다리는 동안 500번 버스가 다섯 대 지나갔어."

"카페라도 들어가 있지!"

"내 처지에 카페는 무슨."

성진이 몸을 한차례 부르르 떨고는 돌아섰다. 지혜는 '오빠 처지가 어때서?'라고 말해줄까 하다가 그만두었다. 나란히 걷다 보니 단골 분식집 앞이었다. 지갑을 열어보았다. 달랑 천 원짜리 지폐 한 장이 전부였다.

"오빠는 얼마 있어?"

지혜가 묻자, 성진이 주머니를 뒤적거리더니 주먹 쥔 손을 불쑥 내밀었다.

"개봉박두!"

"뚜둥!"

지혜가 박자를 맞춰주자 성진이 손가락을 천천히 폈다. 500원짜리와 100원짜리 동전 세 개가 전부였다.

"애개, 다 합쳐도 떡볶이 1인분이 안 되네!"

"경건한 마음으로 받아들여라. 오늘은 금식하라는 하느님의 계시니라."

"네, 하느님! 신성한 계시를 받들어 오늘은 금식하겠사오니 내일은 부디 과식하게 하소서!"

지혜가 두 손을 모아 밤하늘을 올려다보며 기도했다.

"기도 접수 완료!"

두 사람은 돌아서서 약속이라도 한 듯 사육신 공원으로 향했다. 묵묵히 한참을 걷다가 지혜가 혼잣말처럼 중얼거렸다.

"나, 아르바이트라도 할까봐."

"갑자기 웬 아르바이트?"

성진이 깜짝 놀라 물었다.

"입과 항문만 남아 있는 내가 싫어."

"그게 무슨 소리야?"

"생산력은 사라지고, 소비하는 인간으로 전락한 것 같아."

"소비만 하며 살 수 있으면 좋은 거 아냐?"

"그 능력마저도 점점 퇴보하니까 문제지. 공부 기간이 길어지니까 집에다 돈 달라는 말도 못 하겠어."

성진이 고개를 끄덕였다.

"근데 아르바이트하면 부모님이 좋아하실까?"

지혜는 대꾸할 수 없었다. 부모님이 원하는 건 분명하기에, 마음은 있어도 실천에 옮길 수는 없었다. 사육신 공원을 한 바퀴 돌아서 다시 고시원 앞으로 돌아왔다. 헤어지기에는 이른 시간이었지만 더 이상 할 게 없었다. 저녁을 걸러서 배에서는 꼬르륵 소리가 났다.

"오빠, 들어가서 라면 먹고 갈래?"

무심코 말하고 나니 성진이 다른 뜻으로 오해할 수도 있겠다는 생각이 들었다. 성진도 같은 생각을 했는지 피식 웃더니 돌아섰다.

"집에 가서 먹을래."

점점 멀어지는 뒷모습을 보다가 지혜가 "성진 오빠!" 하고 소리쳐 불렀다. 성진이 천천히 돌아섰다.

"가난도 언젠가는 추억이 될까?"

"글쎄……."

성진은 고개를 갸웃거리는가 싶더니 이내 돌아섰다.

지혜는 골목 저편으로 성진이 사라진 뒤에도 별 하나 보이지 않는 깜깜한 밤하늘을 한동안 올려다보았다. 갑자기 찬바람이 불어왔고, 한기가 느껴졌다. 어깨를 잔뜩 웅크린 채 고시원 건물로 뛰어 들어가며 혼잣말처럼 중얼거렸다.

"그냥 믿을래. 우리의 가난했던 날들 또한 추억이 될 거라고……."

●　●　●

"가난과 희망은 어머니와 딸이다. 딸과 사귀고 있노라면 어머니는 어느 틈엔가 잊어버리고 만다."

독일의 소설가 장 파울의 말이다.

노년의 가난은 총체적 불안이다. 그러나 청춘의 가난은 불안해도 희망이 있기에 견딜 만하다. 잘만 활용하면 오히려 동기를 부여해서, 성공으로 이끈다.

"돈은 우리의 삶에 필수불가결한 것"이라는 벤저민 프랭클린의 말처럼 지갑이 가벼우면 마음이 무거워진다. 스스로 자처해서 가난하게 살아가는 사람이 얼마나 되겠는가. 원하지 않았지만 살아가다 보면 누구나 한두 번쯤은 경제적 어려움에 처하게 된다. 그래도 미래에 대한 희망이 있을 때는 그 무게를 감당할 수 있다.

빅토르 위고는 『레미제라블』에서 이렇게 말한다.

"젊은 날의 가난은 모든 의지를 노력 쪽으로 돌려주고, 모든 마음을 희망 쪽으로 돌려주는 훌륭한 면을 가지고 있다."

문제는 가도 가도 희망의 불빛과의 거리가 좁혀지지 않을 때다. 가난한 날들이 엿가락처럼 길어지면 서서히 확신은 불신으로, 자신감은 회의감으로 바뀐다.

'내가 과연 해낼 수 있을까?'

그러다 희망의 불빛에서 시선을 떼게 되면, 그동안 외면해왔던 남루한 가난이 적나라하게 드러난다. 이제 가난은 채찍이 되어서 나의 영혼에 매질을 한다.

'되지도 않는 것을 붙들고 허송세월하지 말고, 더 늦기 전에 일자리나 찾아봐!'

세상에 수많은 길이 있듯이, 인생에도 여러 갈래의 길이 있다. 최선을 다했음에도 안 된다고 판단되면 다른 길을 찾아보는 것도 하나의 방법이다. 인생에는 여러 가지 변수가 숨어 있기 때문에 빠른 포기가 오히려 뜻밖의 기회를 제공하기도 한다. 그러나 그만둬야 할지, 계속해야 할지 쉽게 판단할 수 없다면 결정을 잠시 유보하라. 섣부른 판단은 후회를 남긴다. 지금까지 해왔던 일에 대해서 미련이 남아 있다면 일단 감정의 늪에서 빠져나와 평상심을 회복해야 한다. 결정은 그 뒤에 내려도 늦지 않다.

우리는 살아가면서 여러 가지 유혹에 노출된다. 어느 쪽이 옳은지는 시간이 해결해준다. 경제적 어려움 역시 마찬가지다. 현실적으로 궁지에 몰리다 보니 가난과 궁핍이 영원히 지속될 것 같지만, 시간이 지나면 언제 그랬냐는 듯 안개처럼 스르르 사라진다.

목표를 향해서 걸어갈 때는 물질적 빈곤보다 정신적 빈곤을 더 걱정해야 한다. 뇌는 과장이 심해서 실제 이상으로 위축되기 때문이다.

　19세기 프랑스의 비평가인 샤를 오귀스탱 생트뵈브는 이렇게 말한다.

　"추억은 식물과 같다. 어느 쪽이나 싱싱할 때 심어두지 않으면 뿌리내리지 못하니, 우리는 싱싱하게 젊을 때 싱싱한 일들을 남겨놓지 않으면 안 된다."

●　　●　　●

　가난하다고 위축되지 마라. 희망을 포기하지 마라.
　젊은 날의 가난은 우리를 온갖 불안 속에서 잠 못 들게 하지만
　결국 세월이 지나면 추억이 된다.

배수진을 치면
오히려 불안을 덜 수 있다

성진은 아침 9시에 눈을 떴다.

"요즘 왜 이렇게 피곤하지? 딱히 하는 일도 없는데……."

늦은 아침 겸 점심을 먹고 시립 도서관에 갔다. 열람실은 각종 시험공부를 하는 사람들의 열기로 가득 차 있었다. 그들 틈에 끼어서 30분 남짓 공부하다 보니 하품이 쏟아졌다. 문득, 주위를 둘러보자 불안이 밀려들었다.

'이런 식으로 공부해서 될까? 경쟁자들은 다들 지혜처럼 눈에 불을 켜고 공부할 텐데.'

지혜는 잠자는 시간 외에는 거의 공부만 했다. 그럼에도 불구하고 번번이 탈락해서 장수생이 되었다.

로봇처럼 꼼짝 안 하고 책만 들여다보고 있는 사람들을 보고 있으니 마음이 무거웠다. 책을 덮고서 밖으로 나간 성진은 벤치에 앉았다. 푸르른 하늘을 보고 있으니 청춘이 아깝다는 생각이 들었다.

'공부 안 하면 뭘 할 건데?'

생각해보니 달리 할 일도 없었다.

'일단 최선을 다해보자!'

다시 열람실로 들어가서 책을 펼쳤다. 30분쯤 지나자 다시금 잡생각이 떠올랐다.

'넌 지금 헛수고하고 있는 거야.'

'아니, 왜?'

'생각해봐! 3년 동안 수많은 필기시험을 치렀지만 합격한 적은 단한 번뿐이잖아? 안 되는 건 안 되는 거야!'

답답했다. 마치 돌 틈에 끼인 손오공이 된 기분이었다. 성진은 복잡한 머릿속을 환기시킬 겸 다시 열람실을 나왔다. 하늘의 뭉게구름을 올려다보며 곰곰이 생각해봤다. 그리고 그동안 미루고 미뤄왔던 질문을 마침내 스스로에게 던졌다.

'솔직해 말해봐. 네가 공기업에 합격할 수 있을 거라고 생각해?'

'자신 없어.'

'왜?'

'취준생이 늘어나면서 점점 경쟁률도 치열해지고 있고, 블라인드라고는 해도 명문대 졸업생들도 공기업에 들어가려고 목을 매고 있어. 해가 갈수록 가능성은 점점 낮아지는 거 같아.'

'그럼 한시라도 빨리 때려치우고, 다른 길을 알아봐야 하는 거 아니냐?'

'하지만 이것 외에는 달리 할 게 없는 걸?'

'그럼 넌 이걸 계속하면 공기업에 합격할 수 있다고 생각해?'

물음은 뫼비우스의 띠처럼 한 바퀴 돌아서 다시 원점으로 돌아왔다.

문득, 『어린왕자』에 나오는 술주정뱅이가 떠올랐다. 어린왕자가 그에게 술을 마시는 이유를 묻자, 술주정뱅이는 부끄러워서 마신다고 대답한다. 어린왕자가 다시 무엇이 부끄러운지를 묻자, 그는 술을 마신다는 사실이 부끄럽다고 대답한다.

성진은 슬펐다. 어릴 적 조롱해 마지않던 술주정뱅이가 된 것만 같아서. 술도 끊고 공부만 했는데 왜 자꾸만 패배자가 된 듯한 기분이 드는 걸까.

"그래, 더 늦기 전에 세상 밖으로 나가자! 이곳에 너무 오래 있었어."

성진은 열람실로 들어가서 책을 챙겼다. 가방을 메고 진격의 거인처럼 성큼성큼 도서관을 가로질러 갔다. 세상 밖으로 나간들 달리 갈 데도 없다는 사실을 잘 알고 있었다. 하지만 더 이상 답 없는 미로 속을 헤매고 싶지는 않았다.

● ● ●

'노력'이 만능키 역할을 하던 시절이 있었다. 그러나 산업 전반에 변화가 일어나면서 기존의 일자리는 줄고 명예퇴직은 늘어났다. 미래가 불안하다 보니 안정추구 성향이 늘어나고, 각종 고시는 물론, 공무원이나 공기업 준비생의 비율이 갈수록 높아지는 추세다.

청년들은 그 어느 때보다도 치열한 경쟁 속에서 살아가고 있지만 노력이 빛을 보지 못하고 그저 노력으로 끝나는 경우도 허다하다. 간절한 '바람'이 그저 스쳐 지나가는 '바람'으로 끝날 때의 절망감은 이루 말할 수 없다.

취업난이 장기화되면서 미로에 갇힌 청춘 또한 상당수다. 그만두자니 그동안 공부한 세월과 노력이 아깝고, 계속하자니 노력이 결실을 본다는 보장도 없다. 이러지도 못하고 저러지도 못하는 사이에 훌쩍 20대를 넘긴 사람들은 또 얼마나 많은가.

사회구조적인 문제가 이 시대를 이끌어가야 할 청년들에게 희망 대신 절망감을 안겨주고 있다는 것이 지금 우리가 놓인 현실이다. 청년들은 현실 정치에 관심을 갖고, 눈앞의 난관을 타파하기 위한 방법을 모색해야 한다.

만약 아무런 소득도 없이 미로를 헤매고 있다고 판단되면, 더 이상 헤매지 말고 스스로 자문해보라.

'지금 나에게 최선의 길은 무엇일까?'

인간은 의식적이든 무의식적이든 나 자신에 대해서 다각도로 생각한다. 나에 대한 해답은 이미 내 안에 있는 경우가 태반이다. 차분하게 나 자신과 대화해볼 필요가 있다. 혼자서 대화를 나눌 때는 '묻는 나'와 '대답하는 나'로 역할을 분담하는 게 좋다. 물음과 해답을 종이에 적어가면서 대화를 나누다 보면, 내가 처해 있는 상황을 냉정하게 파악할 수 있고, 보다 현실적인 답을 찾을 수 있다.

만약 충분한 대화를 나눴음에도 불구하고 여전히 결정을 내리지 못하겠다면, 일정한 기한을 정한 뒤 한 번 더 도전해보는 것도 괜찮다. 배수진을 치면 목표에 대한 집중력이 높아져서 성공 확률은 높아지고, 불안감은 오히려 줄어든다.

독일의 신학자이자 반 나치운동가로서 아돌프 히틀러 암살 계획에 참여했던 디트리히 본회퍼는 "실천은 생각에서 나오는 것이 아니라 책임질 준비를 하는 데서 나온다"고 말한다.

● ● ●

마지막 열정을 불태워본다는 것은 그 나름대로 멋진 결정이다.
성패가 어떻든 간에 최선을 다해본 사람은 반드시 빛을 본다.

가족이니까 기댈 수 있는 거야

지혜는 모처럼 만에 집에 들렀다. 가져온 빨랫감을 세탁기에 넣고 새 옷을 챙겨 집을 나서려는데, 어머니가 하얀 약봉지를 불쑥 내밀었다.

"가는 길에 지호한테 들러서 전해주렴."

"뭔데?"

"몸살감기약."

"지호 아파? 그럼 하루 쉬라고 하지!"

"쉬어도 카센터 가서 쉰다더라. 같이 일하던 사람이 그만둬서 일손이 부족한가봐."

지혜보다 4살 어린 지호는 공부와는 담을 쌓고 지냈다. 제대하고 나서도 한동안 방황하더니, 군대에서 만난 선임의 사촌형이 운영하는 카센터에 들어갔다. 점점 일에 재미를 붙여가던 지호는 돈을 모아서 카센터를 차리겠다는 꿈을 꿨다.

거리에는 칼바람이 불고 있었다. 버스에서 내려 골목으로 접어드는 길에 고함소리가 들렸다. 카센터에서 나는 소리였다. 자세히 보니 뒷짐을 지고 고개를 푹 숙이고 있는 지호의 뒷모습이 보였다. 사장이 연신 삿대질을 하며 고함을 질러댔다.

"내가 휠 교체하라고 했어, 안 했어?"

"멀쩡한 휠을 어떻게 교체하라고 해요? 조정하면 되는데……."

"오래됐잖아! 교체하면 손님도 기분 좋고, 우리도 매출 올려서 좋고. 서로서로 좋잖아?"

"손님은 생돈 들어가서 기분 안 좋을 것 같은데요?"

"이 자식은 말뚝으로 귓구멍을 틀어막았나, 통 말귀를 못 알아들어! 아무튼 이번은 그냥 넘어가는데, 앞으로 한 번만 더 그러면 넌 해고야! 알았어?"

사장이 옷깃을 여미며 종종걸음으로 사무실로 들어가자, 지호는 아랫입술을 삐쭉 내민 채 기름때 묻은 장갑을 꼈다. 차 밑으로 들어가는가 싶더니 드럼통을 가까이 끌어당겼다. 차에서 뚜껑을 풀자 시꺼먼 엔진오일이 주르륵 쏟아져 내렸다.

지혜는 한동안 담장 옆에 몸을 숨기고 있었다. 집에서 애지중지하던 동생이 혼나는 걸 지켜봤기 때문일까. 바늘로 찌르는 듯 가슴이 아팠다. 마음속으로 숫자를 오십까지 센 뒤에 다가갔다.

"어, 누나!"

지호가 먼저 지혜를 발견하고는 이를 드러내고 환하게 웃었다. 아무 일도 없었다는 듯이 활짝 웃는 동생을 보니 가슴이 뭉클했다.

"감기몸살이라며? 몸은 괜찮아?"

"응, 끄떡없어. 근데 웬일이야?"

"엄마가 이거 갖다주래."

"아! 깜빡했다."

지호는 흐르는 콧물을 소매로 쓱 닦은 뒤 약봉지를 받아들었다. 코 밑에 시꺼먼 기름이 묻어 있었다. 한겨울에 기름때에 절은 시꺼먼 작업복을 입고 있는 동생을 가까이서 보고 있으니 마음이 편치 않았다.

"갈게! 틈틈이 몸도 녹여가면서 일해. 안 그러면 동상 걸려."

돌아서려는데 지호가 잠깐만 기다리라더니 손에 뭔가를 쥐어줬다. 꼬깃꼬깃하게 접혀 있는 5만 원짜리 지폐였다.

"누나, 이거 얼마 안 되지만 밥 사 먹고 힘내!"

"고마워!"

지혜는 미소를 지어 보이고는 돌아섰다. 씩씩한 척 걸음을 옮기는데 코끝이 찡해져서는 곧 눈물이 후두두 떨어졌다. 골목을 돌아서자마자 담장에 몸을 기댄 채 하늘을 올려다보았다. 잿빛 하늘이 부옇게 보였다. 한바탕 눈이라도 퍼부을 것 같은 날씨였다.

'하느님! 저, 이렇게 살아도 괜찮을까요?'

　　　　•　•　•

　베르디 오페라 〈리골레토〉에 나오는 '여자의 마음'이라는 아리아
는 수많은 사람의 사랑을 받아왔다. 노래 자체도 쉬울뿐더러 '바람에
날리는 갈대와 같이 수시로 변하는 여자의 마음'이라는 가사가 공감
대를 형성했다. 하지만 변하는 것이 어디 여자의 마음뿐이겠는가, 남
자의 마음도 별반 다르지 않다.

　현대 과학에서 마음은 뇌의 작용으로 해석된다. 마음이 수시로 변
한다는 것은 그와 관련된 뇌 세포가 확고하게 자리 잡지 못했음을
의미한다. 만약 사랑하는 사람의 마음이 수시로 변한다면 뇌 세포가
빨리 자리 잡을 수 있도록 자주 만나 신뢰를 심어줄 필요가 있다. 인
간의 뇌는 변화에 민감하다. 주변 환경이 바뀌다 보면 마음이 수시
로 흔들린다. 따라서 한 가지 일에 집중하려면 환경 자체를 단조롭
게 만들 필요가 있다. 수행자들이 지극히 단조로운 생활을 반복하는
이유도 그 때문이다.

　우리는 수시로 선택의 갈림길에 선다. 그때마다 마음이 흔들려서
야 무슨 일을 이루어낼 수 있겠는가. 무언가를 이루어야겠다고 마음
먹었다면 상황이 다소 열악하더라도, 자신의 선택에 확신을 가져야
한다. 일의 성패는 개개인의 능력보다도 소신에 의해서 결정되는 경
우가 많다.

에이브러햄 링컨은 이렇게 말한다.

"반드시 이겨야 하는 건 아니지만 진실할 필요는 있다. 반드시 성공해야 하는 건 아니지만 소신을 가지고 살아야 할 필요는 있다."

결심이 수시로 흔들린다면 '초발심'으로 돌아가기 위한 루틴을 만드는 것이 도움이 된다. 흔들릴 때마다 조깅이나 산책을 하거나, 좋아하는 음악을 듣거나, 기록을 하거나, 명상을 하거나, 잠을 자는 등의 행동을 하면 뇌가 신속하게 이전 상태를 회복하게 된다.

삶에는 정답이 없다.

설령 정답이 있다고 해도 꼭 정답대로 살 필요는 없다. 혼자 힘으로 꿋꿋하게 일어나서 가족은 물론이고, 주변 사람들을 행복하게 해줄 수 있다면 얼마나 좋겠는가. 하지만 살다 보면 더러는 가족의 희생을 딛고 일어서기도 하고, 더러는 민폐를 끼치기도 하는 법이다.

●　　●　　●

세상에 마음 놓고 기댈 수 있는 사람이 얼마나 되겠는가?

가족이니까 기댈 수 있는 것이다.

오래 기대다 보면 마음은 불편하겠지만 그럴수록 눈앞의 일에

집중할 필요가 있다.

미안한 마음을 감사로 바꿔서 반드시 되돌려줘야 하지 않겠는가.

불행은 불안을 먹고 자란다

"뭘 해야 잘 먹고 잘 살 수 있을까?"

성진이 묻자 지혜가 단호하게 말했다.

"꿈 깨세요! 개미처럼 평생 일해도 서울에 전셋집 한 채 장만할 수 없는 우리가 어떻게 잘 먹고 잘 살 수 있겠어?"

맞는 말이었다. 성진은 잠시 텅 빈 농구장을 내려다보다가 다시 물었다.

"그럼, 뭘 해야 남들만큼 살 수 있을까?"

"갑자기 그런 건 왜 묻는데?"

"그냥."

"공기업 시험은 포기한 거야?"

성진이 고개를 끄덕였다. 인정하고 싶지 않지만 이제는 인정해야만 했다. 그래야 그곳에서부터 다시 시작하지 않겠는가.

"잘했어. 포기도 용기래."

지혜가 성진의 오른쪽 어깨를 가볍게 다독이고는 다시 물었다.

"그럼 뭐 하려고?"

"글쎄? 뭘 하는 게 좋을까?"

친구들과 함께 작은 회사라도 차려보고 싶었지만 기술력도, 영업력도 없었다. 작은 가게를 하나 운영해보려 해도 자본금이 없으니 엄두가 나지 않았다. 지혜도 달리 해줄 말이 없는지 텅 빈 운동장만 바라보았다.

가슴이 답답해진 성진이 벌떡 일어나 힘차게 슛을 했다. 농구공은 림 근처에 가지도 못하고 떨어졌다. 지혜가 공을 잡아 성진에게 힘껏 던져주며 소리쳤다.

"오빠, 그래도 뭐든 해봐! 택배 상하차든, 주유소 알바든."

"그것도 한두 달이지, 평생 그렇게 살 수는 없잖아?"

성진은 몇 걸음 앞으로 걸어가서 다시 슛을 했다. 이번에는 공이 림을 맞고 튕겨 나갔다. 지혜가 허공에서 공을 잡아서 다시 성진에게 패스했다.

"일단 중소기업이라도 들어가는 건 어때? 경력을 쌓아서 중견기업으로 이직하면 되잖아?"

일리 있는 말이었지만 선배들은 입을 모아 중견기업에서 중소기업으로는 이직해도, 중소기업에서 중견기업으로 이직하기는 쉽지 않다고 했다.

성진은 대학 졸업 후 다녔던 첫 직장을 떠올렸다. 과다한 업무, 낮은 연봉, 신경질적인 상사도 문제였지만 그보다 더 힘들었던 건 '앞이 보이지 않는 미래'였다. 중소기업 연구원의 보고에 의하면 대기업과 중소기업에 다니는 10년 차의 연봉을 각각 비교했을 때 그 격차가 세 배 정도 차이 난다고 했다. 세월이 흐르면 흐를수록 대기업에 들어간 또래 친구들과 격차가 벌어진다고 생각하자, 이미 패배자가 된 것만 같은 열패감이 들었다.

"어렸을 때 어른들이 꿈이 뭐냐고 물으면 장난삼아 '어른'이라고 말했는데…… 어른이 되기도 쉽지 않다!"

성진이 다시 숏을 했다. 공은 림을 멀찍이 벗어났다. 지혜가 점프하며 손을 뻗었지만 공은 지혜의 손을 넘어서 어둠 속으로 굴러갔다. 지혜가 공을 주우러 간 사이 성진은 밤하늘을 올려다보았다. 오늘은 희미하게 보이던 별조차도 보이지 않았다.

●　●　●

살다 보면 삶이 막막하게 느껴지는 순간이 있다.

학업을 중도에 포기했을 때, 사업에 실패했을 때, 실직했을 때, 가까운 사람과 사별했을 때, 살아가는 이유가 사라졌을 때 등등……. 망망대해에 널빤지 하나 붙들고 홀로 떠 있는 것만 같은 기분에 사로잡힐 때가 있다. 아무리 고민해봐도 미래가 암담해서, 예전처럼 행복하게 살아갈 용기도 없고, 또 그래야 할 이유조차 찾을 수 없다. 몸은 물먹은 스펀지처럼 무거워서 꼼짝달싹하기 싫겠지만 그런 순간일수록 몸을 움직여야 한다.

도스토예프스키는 이렇게 말한다.

"인간이 불행한 것은 자신이 행복하다는 사실을 알지 못하기 때문이다."

삶은 다양한 순간들로 이루어져 있다. 막연하게 꿈꾸는 순간, 목표를 향해 정신없이 달려가는 순간, 사랑하는 사람과 함께 하는 순간이 삶의 일부이듯 꿈이 사라지는 순간, 목표를 눈앞에 두고 넘어지는 순간, 사랑하는 사람을 떠나보내야 하는 순간도 삶의 일부다. 즉, 불행도 삶의 일부다. 평생 마주치지 않으면 좋겠지만 불가능하다. 문제는 불행과 마주했을 때 어떻게 대처하느냐 하는 것이다.

사는 동안 여러 가지 불행과 마주했던 베토벤은 이렇게 조언한다.

"네 자신의 불행을 생각하지 않는 가장 좋은 방법은 일에 몰두하는 것이다."

삶이 막막하다는 것은 불행의 전조와도 같다. 폭풍전야에는 일시적으로 고기압 상태가 형성되어 날씨가 평온해진다. 이 시기를 놓치지 말고 빠르게 움직여서 폭풍의 영향권에서 벗어나고 대비해야 하는 것처럼, 삶이 막막하게 느껴진다면 빠르게 몸을 움직여야 한다.

불안은 상상을 통해 덩치를 키우고, 불행은 불안을 먹고 자란다. 불행이라는 괴물에게 먹히기 전에 분주히 몸을 움직여야 한다. 마땅히 할 일이 없으면 집 안 청소를 하든지 산책이라도 하라. 몸보다는 뇌가 먼저 움직이는 법이지만, 때로는 몸을 움직이다 보면 뇌가 뒤늦게 결정을 내리기도 한다.

실직을 했든 사별을 했든 크게 달라진 것은 없다. 뇌가 지금 온통 그 일에 사로잡혀 있어서 엄청난 불행처럼 느껴질 뿐이다. 뇌가 평상시 상태를 회복할 수 있도록 환경을 바꿔줄 필요가 있다. 한자리에 머물러 있지 말고 적극적으로 움직이다 보면 뇌가 환기되고 어느 순간, 신경전달물질이 분비된다. 행복 호르몬인 도파민, 세로토닌, 엔돌핀, 옥시토신 등은 자연스럽게 불행으로부터 벗어날 수 있도록 도와준다.

일단, 뇌를 환기시켜라. 뇌가 제정신을 차리게 되면 현재 상황이 생각보다 나쁘지 않다는 사실을 스스로 깨닫게 된다.

●　　●　　●

불행은 힘이 무척 세지만 반면 발은 느리다.
몸을 바지런히 움직이면 충분히 불행을 따돌릴 수 있다.

나의 길을 갈 때는
불안보다 앞서 걸어라

"언니, 성적 잘 나왔어요?"

한 달 식권을 끊은 뷔페식당에서 저녁을 먹고 있는데 맞은편에 경하가 앉았다.

"뭐, 그럭저럭!"

지혜는 모의고사 성적표를 떠올리며 고개를 끄덕였다. 학원에서 예측한 합격 가능권과는 2점 차이였다. 아쉽게도 합격 가능권에는 들지 못했지만 아직 1월임을 감안하면 나쁘지 않은 성적이었다.

"너는?"

지혜는 예의상 물어보았다. 경하는 대구에서 상경해서 공시 준비에 뛰어든 지 8개월밖에 안 된 햇병아리였다. 지방 국립대 출신인데 수능 성적도 그렇고, 학점도, 공부머리도 지혜와 엇비슷한 수준이었다. 하지만 경하는 편의점에서 야간 아르바이트를 하느라 새벽 강의도 빼먹기 일쑤여서, 지혜는 사실 경하를 경쟁자라고 생각조차 하지 않았다.

"언니, 근데 학원 예측 결과가 잘 맞아요?"

"정확하지는 않아도 크게 빗나가지는 않아. 그래도 명색이 전문가 집단인데 터무니없지는 않지!"

"그렇구나. 첫 끗발이 개 끗발이라던데 이걸 좋아해야 하나? 저 이번에 합격 유력권에 들었어요!"

지혜는 방심하고 있다가 갑자기 와락 떠밀린 기분이었다. 그동안 20여 차례 모의고사를 봤지만 '합격 유력권'에 들어본 적은 한 번도 없었다. 기껏 해봤자 '합격 가능권'이었다.

지혜는 입맛이 뚝 떨어져서 숟가락을 내려놓았다. 자신은 안간힘을 써도 제자리인데, 다른 사람들은 힘도 들이지 않고 휙휙 자신을 앞질러가고 있는 것 같아 눈앞이 깜깜해졌다.

'나는 왜 이렇게 멍청할까?'

문득, 부모님과 성진의 얼굴이 차례대로 떠올랐다.

'나도 이쯤에서 등골 브레이커는 그만두고, 다른 길을 알아봐야 하나?'

"언니, 왜 더 먹지 않고?"

식판을 들고 일어나자 경하가 의아한 눈길로 바라보았다.

"어? 많이 먹었어. 약속이 있어서 나 먼저 갈게."

식당을 나서니 짙은 어둠이 깔려 있었다. 마음이 무거웠다. 지혜는 마치 자신의 앞날 같은 시꺼먼 어둠을 밟으며 고시원으로 향했다.

● ● ●

인간은 혼자 살아가기보다 공동체 생활이 생존에 유리하다 보니 무리 지어 살기 시작했다. 그렇게 이룬 사회는 구성원들의 필요에 따라서 다양한 형태로 생성과 소멸을 반복하면서도 꾸준히 유지돼 왔다. 그러나 이로 인한 스트레스 또한 적지 않다. 혼자 살면 내키는 대로 행동해도 되지만 공동체 생활에서는 싫든 좋든 주변의 시선이 나 반응에 신경 써야 한다. 이 가운데 상당수가 사회 구성원으로서 의 역할을 제대로 해내지 못할까봐 불안해한다. 청년들이 취업난으 로 극심한 스트레스를 받는 이유도 이와 무관하지 않다.

물론, 사회적으로 인정받는 삶도 중요하다. 그러나 개인의 행복을 등한시해서는 안 된다. 사회구조상 경쟁을 피할 수 없다고 하더라도, 매사를 경쟁적으로 생각할 필요는 없다. 경쟁은 최소화하고, 묵묵히 나의 길을 가야 한다.

영국의 유명 심리치료사 마리사 피어는 『나는 오늘도 나를 응원한 다』에서 이렇게 말한다.

"당신은 '특별한' 사람은 아니지만 세상에서 '유일한' 사람, '아무도 대신할 수 없는 독특한' 사람이다. 자신이 특별하다고 생각하는 사람은 주변으로부터 고립되어 외로움을 느끼기 쉽지만, 자신을 '아무도 대신할 수 없는 독특한 존재'로 여기는 사람은 다르다."

우리는 저마다 대체 불가능한 존재다. 경쟁을 통해서 항상 자신의 존재를 과시하려고 하면 삶이 피곤해질 수밖에 없다. 경쟁에서 패할지도 모른다는 불안이 나보다 한발 앞서기 때문이다. '나는 그냥 나'라는 생각을 갖고 나만의 길을 갈 필요가 있다. 앞서 걷다 보면 불안은 뒤에서 따라오기 마련이다. 돌아보지만 않는다면 크게 불안해하지 않고 내가 원하는 길을 갈 수 있다.

6월에 들판에 나가면 화려한 장미가 제일 먼저 눈에 띈다. 하지만 들판에는 장미만 피어 있는 건 아니다. 초롱꽃, 재스민, 접시꽃, 나리꽃, 강아지풀 등도 장미와는 또 다른 아름다움을 간직한 채 자신만의 생을 즐기고 있다.

● ● ●

세상 만물은 저마다 자신만의 멋과 향을 지니고 있다.
누가 뭐라 하든 묵묵히 자신의 길을 가라.
색깔이 조금 연하고, 향기가 조금 덜하면 어떤가.
그 또한 나만의 개성인 것을.

실패에 대한 불안이
실패를 부른다

'과연 내가 해낼 수 있을까?'

성진은 여전히 불안했다. 공기업 입사를 포기한 뒤, 혹시나 하는 마음으로 사기업에 닥치는 대로 이력서를 냈다. 나이도 많은 데다 스펙도 특별하지 않다 보니 서류통과조차 어려웠다. 아무리 발버둥 쳐도 안 되나 보나 싶어서 포기하려는데, 뜻밖에도 한 증권사에서 연락이 왔다.

"아무래도 뭔가 착오가 있었나봐."

지혜와 통화하며 얼떨떨한 기분을 털어놓자 지혜가 곧바로 반박했다.

"그게 정상이야! 그동안 오빠를 떨어뜨린 회사들이 착오가 있었던 거고. 왠지 이번에는 예감이 좋다. 오빠, 잘해봐!"

지혜의 격려에도 불구하고 성진은 자신이 없었다. 앞으로 인적성 검사와 두 차례의 면접시험을 통과해야만 했다. 운 좋게 서류는 됐지만, 과연 NCS 필기시험을 통과할 수 있을지 의문이었다. 그동안 공기업을 준비하며 필기시험 커트라인에 걸려 무수히 떨어졌던 터였다. 걱정만 하고 있을 수는 없어서, 인적성과 금융상식 관련 책을 사서 문제를 풀어보는데, 계속 공부해오던 내용과 겹치는 부분도 적지 않았지만 점수가 높지는 않았다.

'또 실패하면 어떡하지?'

집중해서 공부만 해도 시간이 부족한데 자꾸만 잡념이 떠올랐다. 성진은 오늘 공부할 양을 정한 뒤, 다시 1시간 안에 공부할 양을 정했다. 그런 다음 휴대폰 타이머를 켜놓고 문제를 풀어 나가기 시작했다.

그러나 문제를 푸는 내내 떨어질 거라는 예감과 함께 불안감이 수시로 밀려왔다.

●　　●　　●

불안이라는 것은 벽장 속에서 들려오는 정체불명의 소리와 유사하다. 밤새 불안에 떨기보다는 용기를 내서, 벽장을 확인해보는 편이 현명하다. 막상 벽장을 열어보면 별것 아닌 경우가 대부분이다. 실패에 대한 불안 또한 마찬가지다. 특히 드문 기회라고 판단되면 불안감은 한층 커진다. 정체도 모르는 상황 속에서 불안에 떨기보다는 내가 불안해하는 이유를 분석해볼 필요가 있다.

먼저 성공했을 때 얻을 이득을 객관적으로 계산해보자. 할 수만 있다면 구체적으로 수치화하는 것이 좋다. 내가 이 일을 하지 않았을 때보다 어떤 면에서, 어느 정도의 이익을 얻을 수 있는지 따져보고, 실패했을 때 입을 손실도 계산해보자. 결과를 확대하거나 자기 비하하지 말고, 구체적으로 수치화해서 손실의 크기를 알아보자. 냉정하게 계산해보면 실패를 그렇게 두려워하거나 불안해할 이유가 없음을 깨닫게 된다.

실패에 집착하는 가장 큰 이유 중 하나는 외부에서 쏟아질 따가운 시선과 비난 때문이다. 하지만 이런 것들은 무시하는 게 정신 건강에 이롭다. 설령 실패한다 하더라도 크게 달라질 건 없다. 부모 형제라면 다소 실망하겠지만 비난하지는 않는다. 그 밖에 주변 인물들은 당신이 성공하든 실패하든 거의 신경 쓰지 않는다. 그들은 자신의 삶을 살아가기도 벅찬 실정이다.

성공 경험이 풍부한 사람은 나름 일정한 루틴을 갖고 있다. 뇌에 이미 '성공 시스템'을 구축하고 있는 데다 성공 경험이 있기 때문에 장애물을 만나도 어렵잖게 극복해낸다. 실패 경험이 풍부한 사람도 나름 일정한 루틴을 갖고 있다. 뇌가 '실패 시스템'을 갖추고 있는 데다 실패 경험에 사로잡혀서 작은 장애물만 만나도 쉽게 좌절한다.

전자라면 같은 방식으로 접근해 나가면 되고, 후자라면 다시 실패할지도 모른다는 불안감부터 극복해야 한다. 먼저 눈앞의 일을 '성공'과 '실패'로 양분하지 말고, 실패를 거쳐서 성공의 길로 가겠다는 마음가짐으로 접근할 필요가 있다.

운전을 배운다고 가정해보라. 핸들을 잡자마자 능숙하게 운전하기란 사실상 불가능하다. 처음에는 실수하는 것이 당연하다. 점차 실수를 줄여 나간다는 마음가짐으로 하다 보면 다음에는 훨씬 잘할 수 있다.

물론, 똑같은 일이라도 성공하는 데 남들보다 오래 걸리는 사람이 있다. 이런 사람들은 진행 과정을 기록하는 방법이 좋다. '아주 잘한 점', '잘한 점', '조금 잘한 점'으로 분류해서, '아주 잘한 점'과 '잘한 점'은 살리고, '조금 잘한 점'을 더 잘하려고 노력하다 보면, 성공 확률을 점차 높여 나갈 수 있다.

자동차의 대중화시대를 열어서 자동차 왕이라 불렸던 헨리 포드는 이렇게 말한다.

"실패를 두려워하는 자는 제대로 된 능력을 발휘할 수 없다. 실패는 더욱 똑똑해져서 다시 시작할 수 있는 유일한 기회다."

●　●　●

실패에 대한 불안감만 다스릴 수 있어도
수많은 시도를 해볼 수 있고, 수많은 기회를 붙잡을 수 있다.

집중력을 높이면
불안이 사라진다

　한 달을 마감하며 지혜는 늘 그랬듯 공부한 시간을 결산했다. 항상 학원 강의 시간과 독서실이나 고시원에서 공부한 시간만을 타이머로 재서 기록해놓았기 때문에, '순수공부 시간'을 계산하는 건 간단했다.

　결산해보니 월요일부터 토요일까지는 하루 평균 10시간 40분, 일요일에는 6시간 10분을 공부했다. 특별한 일이 없는 한 잠자는 시간, 식사 시간, 학원을 오가는 시간, 화장실 가는 시간, 잠깐씩 쉬는 시간을 제외하면 종일 책상에 앉아서 공부만 했다고 봐도 과언이 아니었다. 순수공부 시간도 공부를 처음 시작했던 때에 비하면 하루 평균 3시간 정도 늘어 있었다.

　'그런데 왜 성적은 그대로인 거지?'

지혜는 도무지 그 이유를 알 수 없었다.

'매너리즘에 빠진 걸까?'

아닌 게 아니라 요즘 자꾸 멍 때리는 시간이 늘어났다. 어떤 때는 한 페이지를 넘기는 데 1시간이 넘게 걸리기도 했다.

'공부 시간만 늘리는 건 의미가 없어. 어떻게 하면 효율적으로 공부할 수 있을까?'

지혜가 타이머로 공부 시간을 측정한 목적은 잡념을 줄임과 동시에, 시간을 보다 효율적으로 사용해서 오로지 공부에만 집중하기 위함이었다. 그런데 근래에는 그다지 효과를 보지 못하고 있었다. 어떻게 하면 집중력을 높일 수 있을지 고민하던 지혜는 습관처럼 시계를 보았다. 어느새 자정이 가까워지고 있었다. 12시에는 무조건 잠자리에 들어야 했다.

엄지손톱을 물어뜯고 있으니 문득, '올해도 안 되면 어떡하지?'하는 생각이 파도처럼 밀려왔고, 눈앞이 깜깜해졌다.

●　　●　　●

열심히 해도 능률이 오르지 않을 때가 있다.

뇌는 환경의 변화에 금세 적응한다. 밑이 훤히 보이는 철길도 처음 건널 때는 두 다리가 후들후들 떨리지만, 몇 번 건너다 보면 평지처럼 건널 수 있게 된다. 또한, 아무리 신기하고 재미있는 장난감도 자주 갖고 놀다 보면 이내 흥미가 시들해진다. 일이나 공부도 마찬가지다. 새로운 일을 시작할 때는 의욕이 충만하다. 새로운 환경에 대한 호기심도 생기고, 긴장감으로 인해서 집중력도 높아진다. 그러다일정한 시간이 지나 익숙해지면 감정이 무뎌지면서 의욕도 함께 사라진다. 뚜렷한 동기가 없으면 대다수가 일상으로 되돌아간다.

능률을 높이려면 뇌의 호기심과 긴장감을 적절하게 유지해야 한다. 호기심과 긴장감이 떨어지면 집중력도 함께 떨어진다.

심리학자 에키스와 도슨이 공동 집필한 〈각성과 수행에 관한 논문〉의 '에키스-도슨의 법칙'에 따르면, '최적의 수행은 스트레스로 인한 불안이 적정 수준일 때 가능하다'고 한다. 이 이론은 각종 후속 연구를 통해서 1세기가 훌쩍 지난 지금까지도 여전히 인정받고 있다. 스트레스가 전혀 없으면 학습 능력이 높을 것 같지만 실제로는 집중력과 기억 능력이 떨어진다. 스트레스 수준이 조금씩 높아지면서 집중력과 함께 정보기억 능력 또한 향상된다. 그러다 스트레스 수준이한계점을 넘어서면 더 이상 긍정적 영향을 주지 못한다. 집중력이산만해져서 정보기억 능력이 저하된다.

적절한 불안은 동기를 부여하고, 학습 능력이나 업무 능력을 높여준다. 그러나 불안이 지나칠 경우에는 몸과 마음이 무거워지면서 역효과를 불러온다.

『집중력의 힘』의 저자인 세론 Q. 듀몬은 "적성보다 집중력이 더 많은 일을 달성한다. 자신의 모든 가능성에 집중하는 것이 훌륭한 일, 훌륭한 일생을 창출하는 법"이라고 말한다. 무슨 일이든 시간의 효율성을 높이려면, 돋보기로 태양 볕을 모아 불을 붙이듯 최대한 정신을 집중해야 한다. 집중력을 높이기 위해서는 체력 또한 뒷받침되어야 한다. 규칙적인 수면 습관과 영양가 있는 식사 또한 기본 조건이다.

집중력을 높이는 데는 다섯 가지 방법이 있다.

하나, 마감 시간 책정하기

마감 시간을 정함으로써 적절한 불안을 불러오는 것이다. 예를 들어서 한 권의 책을 언제까지 끝내야겠다고 계획했다면, 매일 끝내야 할 분량을 세분화한다. 막연하게 언제까지 끝내겠다고 마음먹으면 뇌는 틈새를 최대한 이용해서, 초반에는 게으름을 피운다. 뇌가 게을러지지 않도록 적절한 계획을 세워서 시간을 관리할 필요가 있다.

둘, 별도의 고민 시간 정하기

살아가다 보면 이런저런 고민을 하게 된다. 고민은 수시로 들러붙어 잡념을 유발한다. 고민 때문에 집중력이 떨어진다면 아예 '고민 시간'을 따로 책정해놓고, 매일 그 시간에만 고민을 하는 게 낫다. 보다 고민을 체계적으로 관리하고 싶다면 정해진 고민 시간에 '고민 일기'를 쓰는 것도 방법이다.

셋, 유산소 운동하기

집중력은 체력이 전제되어야 한다. 매일 조깅이나 산책을 해서 체력을 개선할 필요가 있다. 장시간 의자에 앉아 있으면 혈액이 하체로 쏠린다. 집중력을 높이려면 뇌에 꾸준하게 산소를 공급해줘야 한다. 조깅이나 산책이 여의치 않다면 자주 일어나서 스트레칭을 하거나 가끔씩 물구나무를 서는 것도 좋다.

넷, 휴식시간 챙기기

쉬지 않고 몇 시간씩 앉아서 공부하기보다 중간에 잠깐씩 휴식을 취해주는 게 좋다. 점심을 먹고 나서 2, 30분 정도 수면을 취하고 나면 뇌가 맑아진다. 어질러진 뇌가 잠자는 동안 자동으로 정리되기 때문이다.

다섯, 동기 부여하기

집중력이 떨어지고 머릿속이 산만해지면 잡념이 밀려온다. 그럴 때는 내가 공부해야만 하는 이유를 한마디로 압축해서 되뇌어라. 사진을 들여다보거나 이미지 트레이닝을 하는 것도 하나의 방법이다. 어떤 식으로든 동기 부여를 할 수만 있다면 잡념에서 벗어나는 시간도 빨라지고, 집중력도 높아진다.

좋아하는 일을 하면
불안도 줄어든다

성진은 침대에 누워서 미니 농구공을 한 손에 쥐고, 벽에 붙여놓은 소형 림을 바라보았다.

열흘 전, 성진은 증권사 인적성 시험을 보러 갔다가 두 번 놀랐다. 첫 번째는 응시생이 예상보다 많다는 것이었고, 두 번째는 우연인지 실력인지는 모르겠지만 아는 문제가 상당수 출제됐다는 것이었다. 집으로 돌아와 가채점을 해보자, 정확한 커트라인은 알 수 없지만 취업 사이트의 다른 응시자와 비교해보니 나쁘지 않았다.

가슴 졸이며 지내다가 예정된 발표일에 사이트에 접속했다. 떨어져도 실망하지 말자며 마음을 다잡았는데, 놀랍게도 합격이었다. 필기시험에서 떨어질 때마다 겉으로는 아무렇지 않은 척했지만 설움이 쌓이고 쌓여서 응어리가 져 있었던 걸까. '축! 합격'이라는 글자를 발견한 순간, 눈물이 주르륵 흘러내렸다.

　그때 이후로 심장이 두근거리고, 꿈꾸는 시간이 늘어났다. 양복을 쫙 빼입고 고객 앞에서 상품을 설명하고 있는 자신의 모습을 상상할 때면 입가에 절로 미소가 번졌다.

　'과연 나도 성공할 수 있을까?'

　한차례 심호흡을 한 뒤 미니 농구공을 던졌다. 농구공은 림을 한차례 빙그르르 돌다가 그대로 밖으로 떨어졌다. 순간, 불길한 예감이 들었다. 공을 주우려고 벌떡 일어났는데 지혜에게서 전화가 왔다.

　"면접 준비는 잘 돼?"

　"그럭저럭. 요즘 들어 내가 인간이라는 사실을 새삼 깨달음."

　"뭔 소리야?"

　"마침내 생각이라는 걸 하게 됐다고."

　"어떤 생각?"

　"음, 떡 줄 사람은 생각지도 않는데 김칫국부터 마시는 건지는 모르겠지만…… 성공에 대한 생각! 근데 지혜야, 내가 성공을 꿈꿔도 될까?"

　"꿈꾸는 건데 뭐 어때? 그건 오빠의 권리야!"

　"그렇지? 근데 뭔가 엄청난 반란을 꾸미고 있는 기분이야. 자꾸만 비현실적이라는 생각이 들어서 자주 깨!"

　"그건 오빠나 나나 제대로 된 성공 경험이 없기 때문일 거야. 이번에는 면접 잘 봐서 꼭 붙었으면 좋겠다!"

"내 마음이 네 마음이야. 나도 SNS 상태창 좀 바꾸고 싶다!"

성진은 수화기를 든 채 벌렁 드러누웠다. 누운 채로 미니 농구공을 가볍게 던졌다. 공은 벽을 맞고 그대로 림을 통과했다. 성진은 마치 입사시험에 최종 합격한 듯 두 손을 번쩍 들어올렸다.

"앗싸!"

"왜? 왜? 뭐 좋은 일 있어?"

"아냐! 좋은 일이 생길 것 같아서 미리 기분 한번 내봤어."

통화를 마치자마자 성진은 책상 앞에 앉아 인터넷과 취업 사이트를 종일 검색해서 찾아낸 면접 기출문제를 바라보았다.

왠지 모르게 이번에는 모든 일이 잘 풀릴 것만 같았다.

●　　●　　●

성공은 '안으로부터의 혁명'이다. 꽃씨가 자라나 꽃을 피우는 과정과 흡사하다. '성공의 씨앗'은 어떤 일을 계기로 마음속에 뿌리를 내린다. 사명감, 성장 욕구, 결핍 등의 것들을 자양분 삼아 자라난다.

성공의 기회가 널려 있던 시절에는 '개천에서 용 난다'는 표현을 자주 썼다. 국가 경제가 빠르게 성장하는 시기여서, 누구나 노력하면 어렵지 않게 성공의 기회를 잡을 수 있었다. 하지만 지금은 한물간 표현일 뿐이다. 명문대·로스쿨·의전원 입학 통계를 보더라도 서울, 그중에서도 강남 출신들이 압도적으로 많다. 타고난 재능이 비슷하다고 전제할 때 환경의 중요성이 커졌기 때문이다. 그럼에도 불구하고 여전히 개천에서 용이 난다. 물론 그 숫자는 많이 줄어들었지만 사명감, 결핍이나 성장 욕구 등이 열악한 환경을 딛고 일어서게 하는 것이다.

사회적으로 성공한 사람들에게는 두 가지 공통점이 있다.

첫 번째는 자기 주도적인 삶이다.

성공한다는 것은 특별해진다는 것을 의미한다. 성공의 문턱까지 가는 사람은 많다. 하지만 대다수가 마지막 문턱을 넘지 못한다. 비록 재능을 타고나고, 환경이 좋더라도 한계를 뛰어넘지 못하면 성공할 수 없다. 부모에게 등 떠밀려 살다시피 하는 사람은 대개 마지막 문턱 앞에서 돌아선다. 부모의 지원이 성공에 중요한 요소인 것만은 사실이다. 하지만 자신의 한계는 오로지 자신만이 뛰어넘을 수 있다. 특별해지기 위해서는 자기 주도적인 삶을 살며, 스스로 각성해서 자신의 한계를 뛰어넘어야 한다.

두 번째는 좋아하는 일이다.

하루아침에 성공하는 사람도 있긴 하지만 극히 드물다. 성공하기 위해서는 지속성이 요구된다. 장기간 열정을 갖고 한 가지 일에 매진하려면 좋아하는 일이어야 한다. 그래야만 불안감을 쉽게 다스릴 수 있고, 집중력을 높여서 성공할 수 있다. 어떤 분야든 불안해하지 않고 성공에 대한 확신만 가질 수 있다면, 성공할 확률 또한 높아진다.

처음부터 좋아하는 일을 선택해서 성공하는 사람도 있지만 우연한 계기로 시작한 일에서 성공하는 사람도 적지 않다. 다른 사람들보다 잘하고, 주변해서 칭찬해주니 재미도 있고, 일이 점점 좋아져서 몰입하다 보면 자신도 모르는 사이에 성공에 닿는 것이다.

시작이야 어떻든 한 분야에서 성공하려면, 자기 주도적으로 좋아하는 일을 해야 한다. 마땅히 좋아하는 일이 없다면 아직 시간이 있을 때 이것저것 시도해보면서 찾아볼 필요가 있다. 적성에 맞는 일을 찾아내면 성공의 문턱을 반쯤은 넘은 셈이다.

로마의 풍자 시인이었던 푸블릴리우스 시루스는 이렇게 말했다.

"시도해보지 않고는 누구도 자신이 얼마만큼 해낼 수 있는지 알지 못한다."

● ● ●

누가 알겠는가?

훗날 아무도 눈여겨보지 않았던 내가 모든 사람이 우러러보는 찬란한 별이 될지.

운동은 불안감을
해소하는 특효약

지혜는 단골 뷔페에서 저녁밥을 먹으며 영단어를 외우고 있었다.
경하가 식판을 들고 와서 맞은편에 앉았다.

"언니, 사거리 학원에서 신년 할인 행사하던데, 같이 필라테스 배
우지 않을래요?"

"필라테스?"

지혜는 깜짝 놀라서 경하를 쳐다보았다.

"야간 알바는 그만둔 거야?"

"아뇨, 요즘 체력이 딸려서 필라테스라도 좀 해볼까 해서요."

"난 사양할래."

지혜는 아무리 이해하려고 해도 이해가 되지 않았다. 공부하고 잠
잘 시간도 부족한데, 알바에다 필라테스라니.

"언니는 몸매관리 따로 해요? 잠들기 전에 요가라든지."

"아니, 가끔 기지개 켜는 게 전부야."

"언니는 기본 체력이 좋은가봐요. 난 앉아만 있으니 몸매도 망가지고, 체력도 방전되고, 자존감도 가루가 되고……."

경하가 불룩한 자신의 아랫배를 쓰다듬으며 슬픈 표정을 지었다. 지혜는 뜨끔해서 숨을 들이쉬며 아랫배를 슬쩍 집어넣었다.

"시험만 합격하면 금방 다 제자리로 돌아가."

"뭐 그렇긴 하겠지만…… 공시생의 삶도 삶이잖아요? 여기서 연애하는 사람도 많던데."

"너 혹시 연애하고 싶어서 몸매 가꾸려는 거야?"

"꼭 그런 건 아니에요! 하지만 운명의 남자라면 피하진 않을 거예요. 동시에 합격하는 커플도 많다던데요?"

"틀린 말은 아니지만 통계학적으로 보면 동시에 떨어지는 커플이 훨씬 더 많을 거야."

지혜는 한시라도 빨리 이곳을 벗어나 집으로 돌아가고 싶은 마음뿐이었다. 공부 기간이 예상보다 길어지는 바람에 몸도 마음도 지칠 대로 지쳐 있었다.

고시원에 돌아와서 책을 펼치자, 식곤증이 몰려왔다. 잠시 눈을 붙이자 해서 타이머를 끄고 책상에 엎드렸다.

'하긴, 나도 체력이 예전 같지는 않아. 지금부터라도 관리 들어가야 하나?'

공시에 처음 도전했던 시절로 돌아갈 수 있다면 공부를 1시간 덜 하는 한이 있더라도 운동을 병행했으리라. 지금은 늦은 것 같았다. 누가 알았겠는가. 한두 해면 끝날 줄 알았던 시험공부를 5년째 하게 될 줄을.

이제는 달리 방법이 없었다. 체력이 바닥나서 쓰러지는 한이 있더라도 버틸 수밖에.

●　●　●

"빨리 가려면 혼자 가라. 그러나 멀리 가려면 함께 가라!"

독일의 앙겔라 메르켈 총리가 다보스 포럼에서 아프리카에 대한 국제사회의 원조를 호소할 때 인용하면서 널리 알려진 아프리카 속담이다. 여기서 '함께'라는 말은 친구와의 동행을 의미한다. 하지만 육체와 정신의 동행으로 해석해도 무난하다.

한국인은 대체로 성격이 급하다. 부지런함을 미덕으로 삼는 데다 어려서부터 치열한 경쟁 속에서 살아오다 보니 마음의 여유가 부족하다. 결정을 내리기까지는 시간이 걸려도 일단 결정을 내리면 일사천리다. 다른 사람보다 한 발이라도 빨리 가기 위해서 서둔다. 하지만 막상 길을 떠나 보면 목적지가 예상보다 멀리 있는 경우가 태반이다. 따라서 건강한 육체와 정신의 동행이 중요한 것이다.

건강한 육체는 모든 일의 기본이다. 모든 일이 순조롭게 진행되다가도 건강을 잃으면 중단될 수밖에 없다. 그럼에도 불구하고 우리는 건강을 등한시한다. 당장 먹고사는 일이 급선무이기 때문이다. 적절한 운동은 건강을 지켜줌과 동시에 뇌를 자극해서 인지력을 높여준다. 학습 효과는 물론이고, 창의력을 발휘하는 데 도움을 준다. 무라카미 하루키를 비롯한 여러 작가들이 조깅과 같은 유산소 운동을 꾸준히 하는 이유는 건강 유지는 물론이고, 창작 활동에도 도움이 되기 때문이다.

최근 〈미국 의사협회 정신의학회〉지에 흥미로운 실험 결과가 게재되었다. 뉴욕대학교의 그로스만의대 연구팀은 범불안장애 환자 226명을 두 그룹으로 나눈 뒤, 한쪽 그룹에만 12주간 매일 2시간씩 요가를 배우고, 혼자 20분씩 연습하도록 했다. 나중에 결과를 보니, 요가를 한 그룹의 불안감이 54% 이상 줄어들었다. 이처럼 꾸준히 운동하면 불안감을 해소할 수 있다.

인생은 장거리 경주다. 몸과 마인드를 잘 컨트롤해야만 행복한 삶을 누릴 수 있다. 에머슨은 "건강은 제일 중요한 재산"이라고 했고, 루소는 "약한 육체는 정신을 약하게 만든다"고 했다. 궁극적으로 인간을 행복하게 만드는 것이 건강이다.

경제적으로 가난했던 시절, 한국 스포츠는 유독 정신력을 강조했다. 물질적인 지원 부족을 정신력으로 극복해주기를 바랐다. 그러나 '운동=과학'이라는 인식이 널리 퍼지면서 정신력을 강조하던 풍조도 사라졌다. 기본 체력이 없으면 정신력만으로는 승리할 수 없기 때문이다.

할 일은 많고 마음이 바쁘다 보면 운동이 시간 낭비처럼 느껴질 수도 있다. 그러나 막상 시간을 쪼개서 운동해보면, 목표를 이루는 데 그 어느 것보다 도움이 된다는 걸 깨달을 수 있다. 특히 복잡한 머릿속을 정리하거나 미래에 대한 각종 불안을 해소하는 데는 특효약이다.

●　●　●

건강은 건강할 때 지켜야 한다.

불안의 소용돌이, 무대공포증

"간략하게 자기소개를 해보세요."

"제, 제 이름은 유 서, 성진입니다."

"오빠, 떨지 마! 왜 이렇게 떨어?"

모의면접관으로 참석한 여동생 성연이 보다 못해 소리쳤다.

"모르겠어! 내, 내가 가, 갑자기 왜 이러지?"

"긴장해서 울렁증 생긴 거야. 몸에 힘 빼고 다시 해봐!"

지혜가 등 뒤로 와서 어깨를 주물러줬다. 성진은 여동생과 지혜 앞에서 보여주지 말아야 할 모습을 보여주었다는 생각에 얼굴이 화끈 달아올랐다.

"부담 갖지 말고 해. 외운 것 티내지 말고, 자연스럽게……."

"아, 알았어!"

성진은 몇 차례 길게 심호흡을 한 다음, 다시 자기소개를 했다. 가까스로 자기소개가 끝나자마자 성연이 다시 물었다.

"우리 회사에 지원한 동기가 뭐죠?"

스터디 룸을 대여한 2시간이 순식간에 지나갔다. 처음보다 다소 나아지긴 했지만 울렁증은 여전했다.

"연습인데 이렇게 떨면 실제 면접은 어떻게 보려고 그래?"

"그러게. 예전에는 안 그랬는데…….."

"괜찮아, 오빠! 지금부터 연습 빡세게 하고, 면접 들어가기 전에 인데놀이나 청심환 먹으면 돼."

지혜가 안심시키기 위해 미소를 지었다. 하지만 성진은 여전히 불안했다. 대학을 졸업하고 입사면접을 볼 때는 떨어져도 그만이라고 생각해서인지 하나도 떨리지 않았다. 하지만 지금은 취업이 간절하기 때문일까. 상상만으로도 온몸이 사시나무처럼 떨려왔다. 스터디 룸을 나서려던 성진은 거울 앞에서 흐트러진 넥타이를 고쳐 매며 몰래 한숨을 내쉬었다.

● ● ●

공포는 뇌의 편도체에서 담당한다. 불안장애의 원인은 전전두엽과 편도체 사이의 연결성이 약해서, 전전두엽에서 내린 명령을 제대로 받아들이지 못하기 때문이다. 예를 들어, 누군가 장난으로 갖다 놓은 뱀이 가짜 뱀이었다는 걸 확인했음에도 불구하고 한동안 계속 공포에 질려 비명을 지르는 경우, 전전두엽에서 '진정해! 저건 그냥 장난감일 뿐이야'라고 명령을 내려도, 편도체에서는 여전히 뱀으로 인식하고 있는 것이다.

현대의학은 공포를 극복하기 위한 다양한 치료법을 개발했는데, 그중 하나가 공포를 느끼는 것에 대한 노출을 통해서 민감성을 제어하는 방법이다. 공포를 느끼는 환경에 차츰차츰 노출시킴으로써 두려움을 극복하고 평상심을 되찾게 한다.

동물은 낯선 장소에 가면 두려움과 함께 스트레스 상태에 놓이게 된다. 이러한 두려움은 생존 본능에서 기인한다. 언제, 어디서 발생할지 모르는 돌발 상황에 신속하게 대처하기 위한 정신적·육체적 준비라 할 수 있다.

무대공포증은 동물적인 본능에 가깝다. 어려서부터 다른 사람들 앞에 나서기를 좋아하는 무대 체질이 아닌 이상, 누구나 무대공포증에 사로잡힌다. 또, 어렸을 때는 무대공포증이 없던 사람도 성인이 돼서 무대공포증을 느끼기도 한다. 사회적 동물로서의 삶을 살아가야만 하는 성인이 되면 사회 구성원들의 평가를 중요시하게 되고, 타인의 평가를 의식하면 할수록 무대공포증은 심해진다.

매일 시합에 나가는 프로선수들도 중요한 시합을 앞두면 무대공포증을 느낀다. 수많은 대중 앞에서 공연해야 하는 배우나 가수 또한 마찬가지다. 섹스 피스톨즈의 멤버 존 라이든이나 머라이어 캐리, 바브라 스트라이샌드, 아델, 어맨다 사이프리드 등도 무대공포증으로 힘겨운 날들을 보내야만 했다.

무대공포증을 극복하는 데 가장 일반적이면서도 효과적인 방법은 다음 세 가지다.

첫 번째는 무대에 자주 오르는 것이다.

정신의학적 치료법이기도 한 '노출'이다. 무대에 서는 게 두렵다고 해서 피하면 피할수록 무대공포증은 심해진다. 기회가 있을 때마다 사람들 앞에 나서서 말하고, 생각을 표현하거나 노래를 부르다 보면 점점 익숙해지면서 무대공포증이 줄어든다.

두 번째는 연습을 반복하는 것이다.

연습을 반복하다 보면 자신의 부족한 점을 발견하게 된다. 하나씩 보완하겠다는 생각으로 연습을 계속하면, 점점 더 나아지고 있음을 실감하고 자신감도 붙는다. 그런 다음 무대에 서면 공포증이 밀려와서 초반에 실수를 하더라도, 이내 연습했던 대로 해내게 된다.

세 번째는 실수를 받아들이는 것이다.

완벽을 추구할수록 무대공포증은 심해진다. '실수하니까 인간'이라는 마인드로 설령 실수하더라도 괜찮다는 생각을 품고 있으면, 무대공포증을 극복하는 데 도움이 된다. 그래서 무대공포증이 심한 강연자 중에는 아예 무대에 등장할 때 실수를 저질러서 대중들의 폭소를 자아낸 뒤 시작하기도 한다.

미국의 정신분석학자 디오도어 루빈은 "작은 성공부터 시작함으로써 실패에 대한 공포심을 극복하라!"고 조언한다. 잦은 노출과 연습을 통해서 작은 무대부터 정복해 나가다 보면, 요령이나 루틴도 생기면서 무대 자체를 점점 즐기게 될 것이다.

●　　●　　●

살다 보면 무대공포증을 느끼게 되는 상황에 반드시 놓이게 된다.
평소에 노출과 반복, '실수를 두려워하지 않는 마인드'를 길러놓을 필요가 있다.

먼 길을 갈 때는
잊힐까 불안해하지 마라

지혜는 빨랫감을 가방과 쇼핑백에 나눠 들고 고시원을 나섰다. 한 겨울인데도 금요일 밤이어서인지 거리는 젊은이들 천지였다. 인형 뽑기 기계 앞에도, 노점상 앞에도, 길게 줄지어 늘어선 음식점 앞에도 북적거렸다. 팔짱을 낀 연인들과 반짝이는 눈빛을 지닌 청춘들이 삼삼오오 모여서 수다를 떨고 있었다. 돌발적으로 터져 나오는 웃음소리가 가뜩이나 무거운 발걸음을 한층 더 무겁게 했다.

'마음 편하게 친구와 놀아본 적이 언제였더라?'

기억을 더듬어보았지만 졸업한 뒤로는 거의 없었다. 성진을 만나서 데이트를 하거나 친구들을 만나서 술을 마신 적은 몇 차례 있었다. 하지만 취업 때문에 마음 한구석이 늘 찜찜했다. 마치 당장 해야 할 빨래를 세탁기에 가득 담가놓은 채 잠깐 외출한 기분이었다.

'나도 하루만 놀아볼까?'

지혜는 휴대폰을 꺼내서 통화기록을 살펴보았다. 열흘 넘도록 통화한 사람은 성진이 유일했다. 문자나 카톡을 보낸 사람도 성진뿐이었다. 물론, 공부하는 데 방해가 될지 모른다는 배려 때문이겠지만, 시험공부가 장기화되면서 친구들뿐만 아니라 가족조차 연락이 뜸해졌다. 마치 세상으로부터 잊힌 존재가 된 것만 같아 기분이 울적했다.

"엄마, 나 왔어!"

집이 이상하리만치 조용했다. 방마다 문을 열어봤지만 아무도 없었다. 원래 이 시간이면 누구라도 한 사람은 집에 있어야 정상이었다.

"뭐야? 나만 빼놓고 어딜 나간 거야?"

지혜는 빨랫감을 세탁통에 넣고 소파에 털썩 주저앉았다. 한동안 앉아 있으니 섭섭함과 함께 슬픔이 서서히 차오르기 시작했다.

'이 시간이면 내가 올 줄 알았을 텐데, 아무도 없다니.'

왠지 눈물이 날 것 같았다. 밥이나 먹어야겠다, 냉장고에서 반찬을 꺼냈는데 정작 밥솥이 텅 비어 있었다. 맥이 탁 풀렸다. 지혜는 식탁 위에 늘어놓은 반찬을 다시 주섬주섬 냉장고에 집어넣고는, 식빵과 잼을 들고서 소파에 앉았다. 텔레비전을 켜자 와자지껄한 웃음소리가 쏟아졌다. 잼도 바르지 않은 식빵을 뜯어 먹으며 텔레비전을 시청했다. 낯익은 연예인들이 웃고 떠들었지만 하나도 웃기지 않았다.

여기는 어디일까? 갑자기 집이 낯설게 느껴졌다. 마치 무거운 배낭을 메고서 깜깜한 사막을 홀로 걷고 있는 기분이었다.

● ● ●

목표를 이루기 위해 오로지 한 가지에 집중하다 보면 몇 년이 후딱 지나가기도 한다. 뇌의 전체적인 시스템이 목표를 향해 작동하고 있을 때는 혼자서 긴 세월을 보내도, 고독을 느끼지 못한다. 그러다 잠시 다른 곳으로 시선을 돌렸을 때 고독과 정면으로 눈을 마주친다. 마치 기다리고 있었던 것처럼 가슴 깊숙한 곳으로 외로움과 쓸쓸함이 스며든다. 순간, 세상으로부터 잊힌 것만 같은 불안감을 느낀다.

대다수가 잊고 살지만 인간은 그 자체로 고독한 존재다.『젊은 시인에게 보내는 편지』를 쓴 라이너 마리아 릴케는 이렇게 조언한다.

"고독하다는 것은 훌륭한 것입니다. 왜냐하면 고독은 어렵기 때문입니다. 무언가가 어렵다는 것, 그것이 바로 우리가 그 일을 하는 이유가 되어야 합니다."

무언가 이루기 위해서는 집중해야 하고, 그러다 보면 종종 세상을 잊고 살기도 하고, 세상으로부터 잊히기도 한다. 때론 사랑하는 사람이나 친구들과 영영 멀어질 것만 같아 불안하다. 그래도 먼 길을 갈 때는 멈춰 서지 말고, 계속 걸음을 옮겨야 한다. 사막을 홀로 걷는 기분이 든다면 지금 제대로 된 길을 가고 있는 중이다.

● ● ●

고독을 피해 달아나지 말고, 고독 속으로 걸어 들어가라.
그 또한 청춘의 권리요, 청춘의 아름다움이다.

붙잡지 마라,
불안했던 순간이 흘러가게

"에이씨!"

성진은 이불을 힘껏 걷어차고는 베개에 얼굴을 파묻었다. 오전에 봤던 면접이 도무지 잊히질 않았다. 스터디 룸을 빌려서 지혜와 성연 앞에서 모의면접도 세 차례나 보았고, 그래도 왠지 불안해서 면접 스터디도 했다. 충분히 연습한 덕분에 실제 면접도 나름 순조롭게 흘러갔다. 더욱이 놀랍게도 PT면접에서는 지혜가 찍어준 빅 데이터와 금융에 관한 문제가 출제돼서 성공적으로 마쳤다. 꼬리 질문에 대한 답변도 침착하게 잘해서 면접관으로부터 "준비 많이 하셨네요"라는 칭찬까지 들었다.

토론면접도 그럭저럭 잘 마쳤는데 역량면접에서 우려했던 일이 벌어졌다.

"성진 씨는 다른 지원자와는 달리 금융 관련 자격증이 없네요. 그런데 왜 우리가 성진 씨를 뽑아야 하죠? 성진 씨를 뽑아야 하는 이유를 세 가지만 대 보세요."

면접관의 질문은 이미 모의면접에서 다뤘던 주제였다. '입사한다면 회사에 어떤 식으로 기여할 것인가?'와 같은 유형의 질문이었다.

그런데 회사 이름을 댄다는 것이 그만 입사를 간절히 원했던 공기업 이름을 대는 어처구니없는 실수를 저지른 것이다. 면접관이 깜짝 놀라 쳐다보았을 때 성진은 비로소 자신이 큰 실수를 했다는 사실을 깨닫고 곧바로 사과했다.

"죄송합니다! 제가 긴장하다 보니……."

면접관은 마지못해 고개를 끄덕이더니 다음 질문을 던졌다.

"만약 상사가 부당한 지시를 내린다면 어떻게 하겠습니까?"

이 질문 또한 모의면접에서 다뤘던 주제였다.

"부당한 지시에도 여러 종류가 있다고 생각합니다. 공적으로 부당한 지시가 있고, 사적으로 부당한 지시가 있는데……."

성진은 최대한 기억을 더듬어서 연습한 대로 대답하려고 했다. 그러나 이미 전에 저지른 실수로 인해서 멘탈이 나간 상태였다. 면접관은 말꼬리를 물고 늘어지며 압박을 했고, 그 뒤로는 실수의 연속이었다.

마지막 영어면접 때는 이미 넋이 반쯤 나가 있었다. 면접장을 나서니 질문이 뭐였고, 뭐라고 대답했는지조차 기억나지 않았다.

"오빠, 면접 잘 봤어?"

갑자기 방문이 벌컥 열리더니 성연이 물었다.

"묻지 마! 기억상실증 걸렸으니까!"

"쯧쯧! 망했군, 망했어!"

성진이 베개를 던지자 성연이 재빨리 방문을 닫았다. 온갖 짜증이 치밀어 올라서 다시금 있는 힘껏 이불을 걷어차는 성진이었다.

'아, 어떻게 얻은 기회인데!'

죽이고 싶었다. 할 수만 있다면 과거로 돌아가서, 헛소리를 지껄이는 자신을 목 졸라서라도 죽이고 싶은 심정이었다.

●　●　●

'상사가 부당한 지시를 내린다면 어떻게 하겠습니까?'

출제 빈도수가 높은 면접 질문 중에 하나다. 정답은 상사의 명령일지라도 법과 회사 내규에 어긋나는 일을 해서는 안 된다는 것이다. 외국인들은 쉽게 정답을 말하는 반면, 한국인들은 상당수가 헷갈려 한다. 상사의 명령은 절대적으로 따라야 한다는 생각과 부당한 지시는 거부해야 한다는 생각이 서로 충돌해서, 딜레마에 빠지기 때문이다. 정답을 알고 있는 지원자들도 대개는 유연성을 발휘하려고 노력한다.

"회사 이익을 해치는 부당한 지시라면 거절하겠습니다. 그러나 회사에 큰 이익을 안겨주는 부당한 지시라면 사회에 미치는 파장과 법률적인 부분을 고려해서 대처하겠습니다."

면접의 목적은 설득력, 소통력, 문제 해결력, 상황대처 능력, 인성 등을 고려해서 회사에 적합한 인재를 뽑기 위함이다. 사실 '회사 이익을 위해서 부정을 저지를 수 있는 마음의 준비가 되어 있는가?'로 해석될 수도 있는, 오해의 소지가 있는 유형의 질문을 던져서는 안 된다. 지원자 입장에서는 딜레마에 빠질 수밖에 없다.

압박면접 또한 마찬가지다. 어려움에 처했을 때의 상황대처 능력 등을 보기 위함이라고는 하지만, 직원들로 하여금 극심한 스트레스를 유발하는 상황에 빠뜨린다면 결코 좋은 직장이라고 볼 수 없다.

면접은 또한 일할 사람이 회사를 선별하는 자리이기도 하다. 요즘 취준생들은 SNS를 통해서 다양한 정보를 주고받는다. 면접을 보고 나면 면접 경험담을 올려서 각자 나름대로 해당 기업의 수준을 평가한다.

취업난이 심각한 상황에서 암묵적으로 면접관은 '갑'이 되고 취준생은 '을'이 된다. 장시간 면접을 보느라 지친 상태라 하더라도 지원자가 말할 때 딴청을 피우거나, 코웃음을 치거나, 말꼬리를 자르거나, 출신 학교 내지는 인턴으로 일했던 회사를 깔보거나, 꾸중이나 설교를 하거나, 조롱 섞인 표정을 지어서는 안 된다.

취업 게시판을 훑어보면, 면접 볼 때 기분이 몹시 나빴다는 글들을 쉽게 찾아볼 수 있다. 면접관의 인성에 대한 욕은 기본이고, 살아가는 동안 그 회사 제품은 절대로 쓰지 않겠노라는 다짐도 흔하다. 면접 도중 얼마나 부당한 대접을 받았으면 그러겠는가. 기업 이미지는 그 무엇과도 바꿀 수 없는 소중한 자산이다. 지원자는 '을'이 아니라 기업의 소중한 고객이기도 하다. 면접관은 면접을 볼 때 이 점을 항상 명심해야 한다.

면접을 망쳤을 때는 어렵게 얻은 기회를 자신의 명청함 때문에 날려버린 것만 같아서 괴롭다. 참담한 기분에 사로잡히게 되는데 자책은 짧을수록 좋다. 예상과 달리 면접을 망치고도 합격하는 경우도 부지기수다. 면접 결과는 예측하기 어렵다. 면접관도 사람이다 보니 생각이 제각각이고, 상황에 따른 말과 태도를 해석하는 기준도 제각각이다. 한 가지가 좋게 보이면 다른 모든 부분이 좋아 보이기도 한다.

쉽지 않겠지만 일단 면접이 끝났으면 잊어버리고서 다른 일에 몰두하라. 엎질러진 물을 주워담을 수는 없지 않은가?

발표가 날 때까지 자책하며 마음 졸이지 말고 대담하게 생각하자. 불안했던 순간은 붙들고 있지 말고, 시간과 함께 흘러가게 놓아주자. 그래야만 다가오는 새로운 기회를 발견하고, 붙잡을 수 있다.

●　　●　　●

강물이 굽이치며 흘러가듯 청춘도 그렇게 흐른다.

PART 4

우리를 불안하게
하는 것들

지혜로운 사람은 철저한 낙천가다.

– 앤드류 카네기

이상과 현실 사이에는 불안이 산다

"사람이 왜 이렇게 꽉 막혔어?"

회식 자리에서 박 대리가 은수를 한쪽으로 불러내더니 대뜸 화를 냈다.

"팀장님하고 언제까지 불편하게 지낼 거야?"

은수는 그제야 박 대리가 하고자 하는 말뜻을 알 수 있었다.

"은수 씨가 사과해! 술 한 잔 따라드리면서 지난번 일은 죄송했다고 머리 조아려. 그럼 팀장님 마음도 어느 정도 풀릴 거야."

"제가요?"

"아니 그럼 팀장님이 먼저 사과할 줄 알았어? 꿈 깨, 그런 일은 구글이 동네 떡볶이 집으로 바뀌는 한이 있어도 절대 일어나지 않아!"

"전 잘못한 게 없어요."

먼저 사과한다는 것은 잘못을 인정한다는 뜻이었다. 은수는 잘못이 없으니 사과할 일도 없다는 생각이었다.

"은수 씨는 머리는 좋은데 사회생활을 참 못해! 조직에서 마찰이 생기면 무조건 아랫사람 잘못이야. 아랫사람이 사과하면 윗사람이 덮어주고, 조직이란 그런 식으로 굴러가는 거라고."

"그건 잘못된 조직문화죠! 사과는 잘못한 사람이 해야지, 그런 법이 어디 있어요? 조선시대도 아니고……."

"은근 피곤한 스타일이네! 은수 씨 때문에 팀 분위기가 이게 뭐야? 팀 분위기를 망쳐놓은 건 은수 씨잖아?"

"제가 뭘 했다고 그러세요? 항상 화를 내는 쪽은 팀장님이신데……."

"아, 몰라! 그렇게 자기 입장만 내세울 거면 개인 사업을 해야지, 왜 직장을 다니면서 여러 사람 난처하게 만들어?"

박 대리는 버럭 화를 내고는 자기 자리로 돌아갔다.

'더럽고 치사해도 내가 먼저 사과를 해야 하는 건가? 눈 딱 감고 잘못했다고 할까?'

은수는 갈등하다 자리로 돌아갔다. 테이블 위에 놓인 술병이 아른거렸다. 마치 연기하듯이, 술 한 잔 따르고 머리 한 번 조아려서 끝날 일이라면 못 할 것도 없었다.

그러나 왠지 내키지 않았다. 모르긴 몰라도 그동안 팀장을 겪은 바로는 그걸로 깨끗이 끝날 것 같지 않았다. 머리를 조아리는 순간, 또 다른 수모가 시작될 것만 같았다.

'그래도 지금처럼 계속 지낼 수는 없어.'

어떡할까 망설이고 있는데 박 대리가 눈빛으로 사과를 재촉했다. 은수는 계속 갈등했지만 회식이 끝날 때까지 그 어떤 선택도 내릴 수 없었다.

● ● ●

많은 직장인이 현실과 이상 사이에서 갈등한다. 특히 사회생활을 시작한 지 얼마 안 된 청춘들의 갈등은 자못 심각하다. 그러다 보니 입사 1년 안에 회사를 그만두는 비율이 무려 50%에 이르고, 첫 직장에서 4년 이상 근무하는 비율은 10%에 불과하다.

"상사가 사적인 심부름을 시켜요. 꼭 해야 하나요?"

"업무가 너무 단순해서 이 일을 평생 해야 한다고 생각하면 답답해 미칠 것만 같아요."

"술을 좋아하지 않는데 회식에 빠지면 안 되나요?"

"상사가 매사에 꼬투리를 잡아서 미치겠어요. 끝난 뒤에 잔소리하지 말고, 일하기 전에 요령을 가르쳐주든지……."

"제가 한 일도 아닌데 저더러 책임을 뒤집어쓰라는데 어떡하죠?"

이 정도 고민들은 빙산의 일각이다. 좀 더 얘기를 나눠보면 그동안 쌓여 있던 불만이 폭발하고 결국은 '개인의 삶과 의견을 존중하지 않는 조직에 계속 몸을 담아야 하는가?'에 대한 물음으로 귀결된다.

혈기왕성한 청춘이라고 해서 왜 직장의 소중함을 모르겠는가. 취업난도 심각하고, 어렵게 들어온 회사인데 계속 다닐 것인지, 그만둘 것인지를 고민하는 것 자체가 스트레스다. 대개는 취업시장이 어려우니 힘들더라도 직장을 다니며 다른 직장을 알아보라고 권한다. 그러나 더러는 눈빛이 암울해서 그런 말조차도 꺼내기 힘들 때도 있다.

"네 마음은 어느 쪽이 편해?"

그럴 때는 선택권을 슬쩍 넘긴다. 그러면 자신의 복잡한 심정을 털어놓으며 스스로 생각을 정리하는 한편, 자신의 신념을 재확인한다. 당장 퇴직을 하든, 직장을 다니며 이직을 준비하든, 다른 일을 시작하든 간에 어느 것 하나를 콕 집어 정답이라 할 수는 없다. 개개인의 신념이나 가치관, 성격, 취향, 경제적 형편 등을 충분히 고려해서 스스로 선택해야 후회하지 않는다.

요즘 청춘들은 정직하면서도 합리적인 사고를 지니고 있다. 구태의연한 조직문화로 고통 받는 이유도 이 때문이다.

전직 미국 대통령이었던 버락 오바마는 이렇게 말한다.

"변화는 우리가 누군가나 무엇 혹은 후일을 기다린다고 찾아오지 않는다. 우리 자신이 우리가 기다리던 사람이고, 우리가 바로 우리가 추구하는 변화다."

변화는 우리 스스로가 일으켜야 한다는 오바마의 말에 전적으로 동감한다. 실제로 요즘 청춘 중에는 변화에 온몸을 던져 동참하는 이들도 적지 않다. 2018년 통계청 조사에 의하면 청년층의 첫 직장

평균 근속 기간은 1년 6개월에 불과하다. 청년들이 살아온 삶의 문화와 직장문화의 갭이 크다는 반증이다.

슬픈 일이기도 하지만 한편으로는 희망적이다. 기성세대와는 달리 자신이 원하는 삶을 살아가기 위해 노력하는 청년이 많다는 증거 아니겠는가. 때로는 조직문화에 녹아드는 지혜도 필요하지만 때로는 손실을 볼지라도 변화를 위한 새로운 도전도 필요하다.

곰곰이 생각해봤는데도 불구하고 마음이 내키지 않는다면 굳이 타협하지 않아도 무방하다. 세상에 길들여지면 세상살이는 편해질지 몰라도 점점 자유를 잃게 된다.

• • •

이상과 현실 사이에는 불안이 산다.
그 불안이 우리를 잠 못 들게 하지만,
때로는 더 나은 세상으로 나아가는 데 도움을 주는 나침반 역할을 한다.

사소한 실수가
불안을 불러온다

"백 대리, 쉬엄쉬엄해. 그 나이에 뼈 삭으면 어쩌려고 그래?"

지나가던 박 차장의 말에 팀원들이 실소를 흘렸다. 대훈은 얼굴이 벌겋게 달아올라 고개를 푹 숙였다. 사건의 발단은 카톡이었다.

저녁 8시쯤에 친구에게 뭐 하냐며 카톡이 왔다. 근무 중이라고 하자, 친구가 "너희는 52시간 근무제 안 지켜?"라고 물었다. 다른 부서는 대체적으로 준수하는 분위기였으나, 해외영업부는 거래처와의 시차 때문에 야근이 잦았다. "칼퇴하는 인간들은 절대 모르지, 뼈 삭는 기분을. 이게 모두 엉덩이 무거운 상사들 덕분이야!"라고 답장을 보냈는데, 그만 해외영업3팀 단체 카톡방으로 보내고 만 것이다. 뒤늦게 실수를 깨닫고 삭제했지만 이미 볼 사람은 다 본 뒤였다.

그 일 이후로 대훈은 팀원들과의 관계가 어색해졌다. 누구나 저지를 수 있는 사소한 실수이고, 팀원들이 건네는 말도 악의 없는 농담인 줄은 알지만 예전처럼 가볍게 받아넘길 수가 없었다. 단단하다고 생각했던 관계에 실금이 갔고, 시간이 지날수록 점점 틈이 벌어지는 것만 같은 느낌이었다.

'시간이 지나면 괜찮아지겠지.'

대훈은 업무에 집중해보려고 안간힘을 썼다. 그러나 정체를 알 수 없는 불안감이 몸 속 깊은 곳에서 물안개처럼 피어올랐고, 예전에는 없었던 크고 작은 상념들이 피라미 떼처럼 몰려와서 머릿속을 가득 채웠다.

●　●　●

독일의 철학자 요한 고트프리트 헤르더와 아르놀트 겔렌은 인간을 '결핍투성이의 존재'라고 정의한다. 다른 동물들은 생존에 적합한 신체 기관을 지니고 있는 반면, 인간은 결함투성이의 신체를 갖고 태어나 줄곧 불완전한 상태 속에서 살아간다는 것이다.

이처럼 인간은 육체적으로는 불완전한 존재인 데다 정신적으로는 감정적인 동물이다. 인간이 합리적이고 이성적인 동물이라는 기존 학설은 이스라엘의 경제학자이자 심리학자인 대니얼 카너먼에 의해 거짓으로 밝혀졌다. 그는 인간이 객관적인 정보를 총합해서 합리적으로 판단하기보다는, 자신이 지닌 정보를 바탕으로 감정이나 직관을 강화해서 판단을 내리려는 심리적 경향이 있다는 사실을 각종 실험을 통해 검증해냄으로써, 2002년 노벨 경제학상을 수상했다.

문제의 본질과 무관한 사소한 일로도 일희일비하는 존재가 바로 인간이다. 긍정 심리학의 창시자인 마틴 셀리그먼 교수가 긍정을 받아들이는 각종 훈련을 통해 낙관적인 태도를 기를 수 있다면, 더 나은 삶을 살아갈 수 있다고 말하는 이유도 이 때문이다.

사소한 실수는 별것 아닌 것 같지만 가랑비에 옷 젖는다고 실수가 잦아지면 삶이 뿌리째 흔들린다. 실수 자체가 삶을 흔들어대는 것은 아니다. 실수를 저지르고 받아들이는 인간이 감정의 동물이다 보니 위축되고, 자신감이 떨어지면서 단단하게만 느껴졌던 기존의 세상이 흔들리는 경험을 하는 것이다.

인간은 실수하는 동물이다. 실수를 저질렀다면 한시라도 빨리 잊어버리는 편이 현명하다. 그래야 평상심을 유지할 수 있다. 실수를 '불운한 내가 겪는 특별한 불행'으로 규정하지 말고, '인간이면 누구나 경험하는 사소한 일'로 규정하고 받아들여야 한다.

만약 실수가 잦다면 같은 실수를 반복하지 않도록 제도적 장치를 마련하는 게 좋다. 겨울철에 행인들이 자주 미끄러지는 장소가 정해져 있듯이, 사람에게도 각자 자주 실수하는 구간이 있다. 사고 패턴을 아예 바꾸거나 제도적 장치를 마련하지 않으면 똑같은 실수를 반복한다. 업무가 바빠서 물건을 자주 분실한다면 일일이 연락처를 기재해둔다거나, 암기력이 좋지 않아서 사람을 착각하는 실수를 저지른다면 상대방의 신분을 확인하기 전까지는 이름이나 호칭을 부르지 않는 것도 하나의 방법이다.

청년이 실수하는 것은 당연하다. 경험이 풍부한 노인도 실수를 저지르는데 인생의 초행길에 접어든 청년이야 말해 뭐하겠는가.

실수를 해서 눈앞이 깜깜하고 마음이 불안하다면 미국의 싱어송라이터 빌리 조엘의 명언을 음미해보라.

●　　●　　●

"우리가 하는 독창적인 일은 실수뿐이다."

분노의 이면에
숨겨진 불안

"팀장님, 아무리 그래도 이건 아닌 것 같습니다."

"뭐가 아냐? 신입사원이 일도 서툴고 해서 내가 옆에 앉혀놓고 일 좀 가르치려고 그래!"

"아무리 그래도 상석과 하석이 있는데 어떻게 신입사원을 가운데 앉힙니까?"

"그런 고리타분한 생각 자체가 문제야! 이 사무실에 상석과 하석 이 어디 있어? 서로가 편하게 업무를 볼 수 있게끔 자리 배치하겠다 는데, 그게 그렇게 잘못된 거야?"

팀장이 언성을 높이자 박 대리가 다가와서 강 차장을 슬쩍 잡아끌 었다. 강 차장은 박 대리의 손을 뿌리치더니 홱 돌아서서 사무실을 나갔다.

자리를 재배치하는 과정에서 갈등이 빚어졌다. 원래는 사무실의 가장 안쪽이 팀장, 그 옆이 은수, 출입문 바로 옆쪽이 신입사원인 김유신의 자리였다. 그런데 팀장이 은수를 바깥쪽으로 밀어내고 그 자리에 김유신을 앉힌 것이었다. 은수는 속에서 용암처럼 뜨거운 것이 치밀어 올랐다. 눈물이 날 것도 같아서 두 주먹을 불끈 말아 쥐었다.

결국 사무실 사람들의 시선을 느끼며 사무실을 나섰지만 마땅히 갈 데가 없었다. 옥상으로 올라가면 강 차장과 마주칠 게 분명했다. 자신의 편이 되어준 강 차장이 고마웠지만 누군가에게 위로받고 싶은 기분도 아니었다.

잠시 망설이다 화장실로 들어갔다. 칸막이에 들어가 문고리를 잠그자마자 기다렸다는 듯이 눈물이 쏟아졌다.

● ● ●

사람들이 분노하는 이유는 여러 가지가 있다.

인간은 타인으로부터 신체적인 공격을 받았을 때 자신을 방어하기 위해서 분노한다. 또한, 정신적인 공격을 받았을 때도 분노한다. 은수의 분노는 일종의 '자기보호 본능'에 해당된다.

사회에는 눈에 보이지 않지만 자신만의 영역이 있다. 영역이 침범 당해서 사회적인 지위가 하락하거나 역할이 축소될 위기에 처하면 분노가 끓어오르기 마련이다. 순간적인 화를 참지 못하고 욱해서, 물

불 가리지 않고 화를 발산하고 나면 열에 아홉은 후회한다. 분노는 인간관계를 깨뜨리고, 신뢰를 무너뜨리고, 후회와 극심한 자기혐오를 불러온다. 경제적 손실은 물론이고, 심장과 혈관에 무리를 줘서 건강에도 좋지 않다.

그렇다고 참는 것만이 최선은 아니다. 특히 '자기보호 본능'에 해당되는 분노는 보다 현명하게 표출할 필요가 있다.

'성인발달 연구'로 유명한 하버드대학교 의학대학의 조지 베일런트 교수가 이끄는 연구팀은 44년 동안 824명을 추적한 뒤, 예상을 뒤집는 흥미로운 결과를 도출해냈다. 화를 잘 내는 직장인은 승진이 빠른 반면, 실망감이나 좌절감을 스스로 억누른 직장인은 보이지 않는 승진 장벽에 부딪히고, 화를 내는 직장인에 비해서 진급하지 못할 가능성이 세 배나 높다는 것이었다.

동물의 세계에서는 영역을 사수하는 일이 무엇보다도 중요하다. 생존과 깊은 관련이 있기 때문이다. 동물의 왕인 사자도 다른 수사자가 영역을 침범해오면 목숨을 건 싸움을 벌인다. 인간 역시 마찬가지다. 누군가 나를 신체적으로, 정신적으로 위협하면 스스로를 보호하기 위해 분노를 일으키는 것이다.

그러나 감정적으로 대처하지 말고 보다 현명하게 분노를 표출해야 한다. 분노의 이면에는 대개 불안이 숨어 있다. 억울함이나 답답함을 해소하기 위한 방편으로 분노하기보다는 불안을 해소하는 쪽

으로 분노할 필요가 있다.

현명하게 분노하기 위해서는 먼저 대화를 통해서 상대의 의도를 정확히 파악해야 한다. 자진 퇴사를 유도하기 위함인지, 상사의 뜻을 거스르면 어떻게 되는지 보여주려는 엄포인지를 알아내야 불안도 줄어들고, 적절한 대처도 가능하다. 직장에서는 다소 귀찮고 번거롭다 하더라도 자신의 영역을 사수하는 편이 여러모로 좋다. 각종 스트레스를 방지하는 비결이기도 하다.

하지만 아무리 조심해도 은수의 경우처럼 어떤 힘에 의해서 속수무책으로 자신의 영역을 침범당하기도 한다. 그럴 때는 참고 넘어가지 말고, 내 영역을 빼앗아간 결정권자를 조용한 장소에서 만나, 나의 현재 감정 상태와 생각을 밝히고 상대방의 의견을 들어볼 필요가 있다.

이때 명심할 점은 상대방을 책망하거나 원망하기 위한 자리가 아니라, 분노의 이면에 숨은 불안을 해소하기 위한 자리임을 잊지 말아야 한다.

만약 적절한 과정을 거쳐서 분노했음에도 불구하고 여전히 불안이 남는다면, 불안을 해소할 수 있는 현실적인 방법을 찾아보거나 그도 안 된다면 현실을 수긍하고 받아들여야 한다.

●　　●　　●

인생은 한 단면이나 하나의 사건으로 결정되지 않는다.
그것은 굴복이 아니라, 스스로 스트레스를 조절해서 전체적으로 더 나은 삶을 살아가기 위한 선택일 뿐이다.

다양성을 외면할 때
삶이 불안해진다

"오늘 즐거웠다! 재미있게 잘 살아라."

대훈은 집들이를 마치고 배웅 나온 친구에게 덕담을 건넨 뒤 돌아섰다. 친구들은 약속이나 한 듯 말없이 아파트 단지를 빠져나왔다.

"휴우—."

대훈은 길게 한숨을 내쉬며 넥타이를 풀어 양복 주머니에 넣었다. 막상 죽마고우가 결혼해서 강남에 차린 신혼집을 구경하고 나니 한숨이 절로 나왔다. 친구들과 헤어진 뒤, 대훈과 청우는 지하철역으로 향했다. 묵묵히 걷던 청우가 혼잣말처럼 중얼거렸다.

"어릴 적에는 까맣게 몰랐다. 결혼이 이렇게 난이도 높은 게임인 줄."

"애인도 있는 놈이 웬 엄살? 너도 이제 결혼해야지?"

청우는 명문대를 나와서 대기업에 다니는 유영과 3년째 교제 중이었다.

"지난주에 유영이가 그러더라. 결혼할 때 동원할 수 있는 돈이 얼마나 되냐고. 그동안 내가 모은 돈이 얼마고, 집에서 해줄 수 있는 돈이 얼마인지 말해달래."

"그래서?"

"아버지에게 물어보니 5천은 해줄 수 있대. 사실 그 정도도 나로서는 황송하지. 가진 거라고는 달랑 집 한 채뿐인데다, 아버지는 실직 중이시고 아직 여동생도 출가 전이니."

"너는? 너도 모은 돈이 좀 있을 거 아냐?"

"탈탈 털어봤자 8천이야. 그래서 사실대로 말했더니 몹시 실망하는 눈치더라."

청우의 마음도, 유영의 마음도 이해가 갔다. 결혼은 사랑에서 출발하지만 그 또한 엄연한 현실이었다. 가진 돈이 1억 3천이라면 대출을 받는다 해도, 월세를 끼지 않고서는 서울에서 전셋집을 구하기 힘들었다.

"소주 한잔할래?"

지하철역 앞에 늘어선 포장마차 앞에서 청우가 물었다. 대훈은 내일 출근이 걱정되기는 했지만 순순히 고개를 끄덕였다.

"근데 아까 그 집 전세가 얼마라고 했지?"

"몰라, 듣긴 들었는데 비현실적인 액수라서 기억이 안 나."

"기억하고 싶지 않은 거겠지."

청우가 한숨과 함께 포장마차 안으로 들어갔다.

● ● ●

현대는 열린사회다. 장점도 있지만 단점 또한 명확하다. 과거에는 닫힌사회여서 누가 얼마짜리 집에서 어떻게 살아가고 있는지 알 수 없었다. 그러나 요즘에는 인터넷으로 검색해보면 집과 차는 물론이고, 커피잔 가격까지 알 수 있다. 그렇다면 비교가 나쁜 것일까? 반드시 그렇지는 않다. 인간은 비교하는 동물이다. 타인과의 비교를 통해서 중요한 정보를 얻고, 나 자신의 위치를 파악하고, 욕구 본능을 불러와서 더 나은 삶을 살아가기 위한 분발의 계기로 삼는다.

그러나 타인과의 과잉 비교는 욕구 본능이 아닌 열등감만 불러와서, 오히려 삶의 의욕마저 꺾여버린다.

청춘들은 매일 드라마나 영화 등을 통해서 중산층의 삶을 엿보며, 이상적인 결혼 생활에 대한 나름대로의 이미지를 쌓아간다. 그러다 보니 실제 자신의 생활 수준보다 결혼 생활의 수준을 더 높게 생각하는 경향이 있다.

갑부 아버지를 둔 소수를 제외한 대다수는 자신이 꿈꾸는 결혼 생활에 미치지 못하리라는 걸 알기에 불안하다. 눈높이를 다소 낮춘다고 하더라도 이상과 현실의 갭이 좀처럼 좁혀지지 않기 때문이다.

결혼 연령이 점점 올라가고, 출산율이 떨어지는 이유도 이와 무관하지 않다.

세상에는 수만 가지 형태의 다양한 삶이 존재한다. 하지만 청춘들이 꿈꾸는 결혼 생활은 몇 종류 되지 않는다. 그 또한 그들이 만들어 낸 것이 아니라 드라마나 영화, 소설, 웹툰, 잡지 등등의 매스 미디어가 만들어낸 것이다. 실제로 가능한 삶이기는 하지만 엄밀하게 하나씩 따져본다면 환상에 가깝다.

결혼은 두 사람의 정서적, 육체적, 경제적 결합으로서, 보다 안정적인 상태에서 행복한 사회생활을 영위하기 위한 과정이다. 배우자를 고를 때는 나와의 조합, 즉 결혼 후에 어떤 시너지 효과를 낼 수 있는지를 우선적으로 고려해야 한다. 행복한 삶을 위해서 결혼했는데 사사건건 부딪치거나 오히려 사회적으로 성장해 나가는 데 방해만 된다면 혼자 사느니만 못하다. 재산, 미모, 지식, 권력, 기질 등도 중요하지만 나와의 조합을 무시하고 한두 가지에 끌려 결혼할 경우, '성격 차이'로 이혼할 확률이 높다.

세상에는 다양한 결혼 생활이 존재한다. 미디어에 의해서 형성된 결혼 생활의 이미지만 고집할 경우에는 불안감은 커질 뿐 행복한 결혼 생활과는 점점 멀어지게 된다. 열린사회에서 모든 걸 충족시킬 수는 없는 노릇이다.

『네 뜻대로 살아라』를 쓴 요제프 킬슈너는 이렇게 말한다.

"자기와 다른 사람을 비교하며 누가 우위인지를 끊임없이 신경 쓰는 사람은 여유 있는 기분으로 살 수 없다. 평온한 생활을 할 수 없는 것이다."

● ● ●

두 사람이 결혼할 의사가 있다면 다른 연인과 비교하지 말고, 형편대로 혼례를 치르겠다는 합의하에 서로가 한발씩 물러날 필요가 있다.

성장이 멈추면
불안이 찾아온다

"선생님, 우리 얼마 만이에요?"

"내가 널 가르쳤던 때가 대학 1학년 때니까…… 10년 가까이 된 것 같은데."

은수는 커피를 마시며 매력적인 숙녀로 변신한 수혜를 바라보았다. 6개월 남짓 공부를 가르쳤던 수혜를 우연히 만난 것은 회사 복도에서였다. 그녀는 당시 고등학교 2학년이었고, 성실하기는 했지만 상위권 성적의 학생은 아니었다. 그래서인지 그녀가 세계적인 컨설팅 회사에 다니고 있다고 들었을 때 실감이 나지 않았다.

"고등학교 졸업하고 아이비리그에 진학하려고 했는데 뜻대로 안 됐어요. 일단 한국에서 대학을 다니며 계속 문을 두드렸죠. 그러다 마침내 기회가 와서 2학년 여름에 신입생으로 다시 입학했어요. 지금 다니는 회사도 졸업을 앞두고 인턴으로 들어갔는데, 같이 일하던 분이 사직하는 바람에 정식 직원으로 전환된 거예요. 뭐, 이래저래 운이 좋았네요."

수혜는 성공한 사람들이 흔히 말하듯이 '운이 좋았다'고 표현했지만 은수는 그 뒤에 숨은 각고의 노력을 어렵지 않게 짐작할 수 있었다.

과외를 할 때는 한 번도 수혜를 경쟁자로 여겨본 적이 없었다. 수혜는 밤잠을 줄여가며 노력했지만 한계가 보였기 때문이었다. 그런데 은수가 제자리걸음을 하는 사이에 그녀는 성큼성큼 앞으로 나아갔다. 수혜를 보고 있으니 부러움과 함께 마음속 깊은 곳에서 알 수 없는 불안감이 짙은 안개처럼 밀려들었다.

'나는 대체 그동안 뭘 했던 거야? 이렇게 계속 살아도 정말 괜찮을 걸까?'

짧은 만남을 뒤로하고 커피숍을 나서는데 심장이 마구 뛰면서 숨이 턱 막혀 왔다. 사람들이 여기저기서 수군거리는 소리가 환청처럼 들려왔다.

• • •

에이브러햄 매슬로는 '욕구단계설'에서 인간에게 동기를 부여하는 욕구를 다섯 가지로 분류하면서 최상위 욕구로 성장욕구, 즉 자아실현욕구를 제시했다. 클라이턴 엘더퍼는 욕구단계설을 확장해서 인간에게는 존재욕구, 관계욕구, 성장욕구가 있다는 ERG이론을 발표하여 학계의 주목을 받았다.

자본주의 시장에서 살아가고 있는 현대인에게 성장욕구는 지극히 당연하다. 좋은 직장이나 승진은 인류의 오랜 소망과도 맞닿아 있다. 성장해야만 권력이나 부를 누릴 수 있고, 생존이나 번식에도 유리한 고지를 점령할 수 있기 때문이다.

그래서 우리는 모두 '이상의 삶'을 염두에 둔 채 '현실의 삶'을 살아간다. 두 삶의 격차가 크지 않을 때는 안정적인 삶이 가능하다. 그러다 두 삶의 격차가 점점 벌어지고 있다는 사실을 어느 순간 인지하게 되면, 지금까지 버팀목이었던 동기 내지는 의지가 와르르 무너져 내리면서, 온갖 불안이 모습을 드러낸다.

분명한 목표를 세우고 꿈을 향해 달려가는 사람이라 할지라도 왜 이런저런 불안이 없겠는가? 마음이 이미 목표에 닿아 있기 때문에 잠들어 있는 것뿐이다. 목표만 이루면 흔적도 없이 사라질 불안임을 알기에. 그러나 목표가 사라져버리거나 더 이상 현실적으로 유효하지 않다는 판단이 들면, 온갖 불안들로부터 무차별적인 공격을 받는다. 이 과정에서 적절하게 대처하지 못할 경우, 우울증을 불러올 수도 있다. 이때 필요한 것은 두 가지다.

첫째는 자존감이다.

자존감이 높은 사람은 '어떤 어려운 상황이 닥쳐도 잘 헤쳐 나갈 수 있다'는 스스로에 대한 믿음이 있다. 자존감을 기반으로 한 낙천적인 믿음은 위협이나 갈등 상황을 타개해 나가는 데 중요한 열쇠가 된다.

둘째는 '성공 경험'이다.

어려운 상황을 돌파한 경험이 풍부한 사람은 불안한 상황을 타개하는 방법을 이미 터득하고 있다. 지금은 비록 목표가 사라져서 방황하고 있지만 조만간 목표를 재설정한 뒤, 그 방향으로 마음을 다잡고 시작하면 성공할 수 있다는 자신감을 갖고 있다.

다수의 청춘이 불안에 사로잡히면 쉽게 헤어 나오지 못하는 까닭은 삶은 예측 불허인데다, 위의 둘 중 어느 하나도 갖고 있지 않기 때문이다.

인간은 성장욕구를 지니고 있으므로 인생을 현명하게 살아가기 위해서는 적절한 목표가 필요하다. 현실에 안주해버리고 나면 몸은 편할지 몰라도 마음 한구석에서 알 수 없는 불안이 싹트기 시작한다.

강철왕이자 전 재산의 90%를 기부해서 기부왕으로도 널리 알려진 앤드류 카네기는 이렇게 충고한다.

"행복하게 지내고 싶다면 생각을 표현하고, 에너지를 방출하며, 희망적인 목표를 설정해야 한다."

● ● ●

만약 삶이 조금도 행복하지 않다면 반대로 한번 생각해보자.
생각을 표현하지 못하고, 에너지를 방출할 곳이 없고,
목표에 대해서 더 이상 희망을 품을 수 없는 상황에 놓여 있는
것은 아닌지.

안정적인 직장은
어디에도 없다

"나, 이제 어떻게 하냐? 유영이한테는 뭐라고 말하지?"

난감해하는 청우에게 전해줄 마땅한 위로의 말이 떠오르지 않는 대훈이었다.

청우가 이직한 것은 1년 전이었다. 3년 남짓 다녔던 회사는 중견 기업으로, 연봉이나 근무조건은 괜찮았다. 그러나 사람들이 잘 모르는 회사라서 청우는 내심 열등감을 갖고 있었다. 그러던 차에 가고 싶던 대기업의 채용공고가 뜬 것이다. 경력을 인정해주는 것도 아니고, 정직원도 아니었다. 1년 뒤에 심사를 거쳐서 정규직으로 전환해주는 계약직이었다. 내부자 정보에 의하면 열에 아홉은 정직원으로 전환된다고 해서 청우도 지원했고, 마침내 이직에 성공했다.

그런데 1년 사이에 회사 상황이 바뀌었다. 주요 거래처인 중국과의 마찰로 인해서 매출이 뚝 떨어지면서 정규직 전환은커녕 기존 사원도 줄여야 하는 처지가 되었다. 결국 다섯 명의 계약직 사원 중 그 누구도 정규직 직원이 되지 못했다. 계약은 끝이 났고, 결혼을 코앞에 둔 청우는 졸지에 실업자가 되었다. 어렵게 잡은 기회가 오히려 덫처럼 그의 발목을 잡은 셈이었다.

"야, 걱정 마. 세상에 널린 게 회사야!"

대훈이 어깨를 두드려주며 위로했지만 청우는 땅이 꺼져라 한숨을 내쉬었다. 정직원이 되면 유영의 부모님께 인사를 드리러 가려 했는데, 졸지에 실업자가 되었으니 결혼도 한동안 물 건너간 셈이었다.

'우리 회사도 요즘 구조 조정하는 눈치던데, 설마 나더러 나가라고 하지는 않겠지?'

대훈도 앞날을 알 수 없다는 생각이 들자, 갑자기 머릿속에 하얘지면서 몸이 떨려왔다. 마음을 진정시키기 위해서 떨리는 손으로 물컵을 집어 들었다.

● ● ●

경기 침체, 산업구조의 변화, 과학기술의 발달로 자동화 시스템이 급속도로 퍼져 나가면서 양질의 일자리가 점차 감소하고 있다. 매년 졸업생은 쏟아지지만 일자리가 부족하다 보니 취준생은 계속 늘어나고 있는 실정이다. 설상가상으로 코로나-19로 인해서 비자발적 실직자마저 급증하여, 좋은 직장을 구하기란 말 그대로 하늘의 별 따기가 되었다.

취준생은 취업을 못 할지도 모른다는 불안에 사로잡혀 있고, 직장인들은 고용 불안이라는 또 다른 불안에 사로잡혀 있다. 기업은 항상 장기 플랜을 세우는 조직이지만, 세상이 급변하다 보니 결국 단기 플랜에 의존할 수밖에 없다. 그 옛날 그렇게 IMF가 터지면서 위태롭게 유지하던 '평생직장'이라는 개념 자체가 한순간에 와르르 무너져 내렸다.

그 뒤부터 직장인들은 습관처럼 '40대에 직장을 나오면 뭘 해서 먹고 살지?'라는 물음에 대한 답을 찾고 있다. 보다 안정적인 일자리를 찾아서 뒤늦게 전문직에 뛰어들기도 하고, 틈틈이 자영업을 준비하기도 하고, 공무원이나 공기업, 학교, 병원 등으로 이직을 시도하기도 한다.

직장은 생계와 밀접한 문제이므로 청년들이 안정적인 직장을 추구하는 것은 지극히 당연한 일이다. 그러나 냉정하게 말한다면 세상 어디에도 안정적인 직장은 없다. 다수가 생각하는 '안정적인 직장'은 결코 안정적인 직장이 아니다. 세상은 급변하고 있는데 미래가 어떻게 펼쳐질지 누가 알겠는가? 만약 그 안정적인 직장이 해체될 경우, 미래에 대한 대비가 전혀 돼 있지 않기 때문에 최악의 현실과 마주하게 될 가능성이 높다.

컴퓨터와 인터넷 기반의 제3차 산업혁명 시대에 진입한 지 얼마 되지 않은 것 같은데 어느새 인공지능 기반의 초연결시대인 제4차 산업 혁명 시대로 진입했다. 과학기술의 진보 속도가 워낙 빠르다 보니, 미래에 어떤 시대가 펼쳐질지 전문가조차 예측하기 어렵다.

2019년 10월에 발표된, 각 분야별 전문가와 관련 연구기관 등 100여 명의 인원이 참여한 제4차 산업혁명 위원회의 '제4차 산업혁명 대정 부 권고문'에 따르면, 현시대의 모토는 뷰카(VUCA)로 요약된다. 즉, 변동성(Volatility), 불확실성(Uncertainty), 복잡성(Complexity), 모호 성(Ambiguity)이 특징이다. 인공지능과 과학기술의 빠른 발전 속도 가 가져온 시대의 흐름이라 할 수 있다.

따라서 이제는 직장에 대해서도 인식의 전환이 필요하다. 과거처

럼 안정적인 직장을 선택하는 데 초점을 맞출 것이 아니라 '변화에 능동적으로 대처할 수 있는 나'를 만들어 나가는 데 초점을 맞춰야 한다. 기초 학문으로 이과를 전공했느냐, 문과를 전공했느냐를 떠나서 세상의 흐름을 놓치지 말아야 하며, 뒤처지지 않기 위해서는 꾸준히 새로운 이론과 기술을 공부해야 한다.

"강한 것이 살아남는 것이 아니라 살아남는 것이 강한 것"이라는 다윈의 말처럼 시대에 적응하지 못하는 직장인은 살아남을 수 없는 생태계가 펼쳐지고 있다.

● ● ●

이를 극복하려면 '어디에도 안정적인 직장은 없다'는 마인드로, 시대가 필요로 하는 사람으로서의 변신을 꾀해야 한다.

불안에 떨고 있는
나를 돌봐야 할 때

"용기를 내서 잘 오셨어요. 시작이 반이라고 하니 이미 반은 호전되신 겁니다. 나머지 반은 함께 잘 치료해봅시다."

의사의 온화한 미소에 은수는 왠지 모르게 코끝이 찡해졌다.

은수에게 공황 발작이 처음 찾아온 것은 수혜를 만나고 나서였다. 커피숍에서 밖으로 나오자 이마에 땀이 나고 심장이 빠르게 뛰면서, 흉통과 함께 숨이 턱 막혀 왔다. 그러다 얼마 지나자 서서히 괜찮아졌다.

그로부터 열흘 뒤 점심 시간에 사옥을 나섰다가 똑같은 증상이 찾아왔다. 이번에는 좀 더 시간이 길었고, 이대로 죽을지도 모른다는 공포가 밀려왔다. 은수는 처음에는 심장병을 의심했다가 인터넷으로 관련 자료를 찾아보고 자신의 증상이 공황장애와 비슷하다는 것을 알아냈다. 이후 연차를 내고 정신과를 찾은 것이다.

의사는 은수가 작성한 설문지를 한동안 눈으로 훑어보았다. 기다리다 못해 은수가 물었다.

"공황장애인가요?"

"아직 공황장애라고 단정하기는 이르고요, 공황 발작이 시작된 지 얼마 지나지 않은 걸로 봐서는 일시적 스트레스나 우울증이 의심되네요."

의사는 설문지를 기반으로 해서 몇 가지 질문을 던졌다. 은수는 근래 자신에게 생긴 일들과 그로 인한 감정들을 솔직하게 털어놓았다. 그동안 감정을 짓누르고 있었는지 말하다 보니 눈물이 하염없이 쏟아졌다.

상담을 마치고 병원을 나서자 몸도 마음도 한결 가벼웠다. 비로소 무거운 가면을 벗고, 본래의 나로 돌아온 것만 같은 기분이 들었다.

● ● ●

국민건강보험공단이 2014년에서 2018년까지 5년 동안 공황장애 환자를 분석한 결과, 그 수가 연평균 14.3% 증가한 것으로 나타났다. 요양기관을 방문한 진료인원은 2014년 9만 3천 명에서 2018년 15만 9천 명으로 2014년 대비 70.5%가 증가했다. 3, 40대가 가장 많았으나 최근 5년간 연평균 증가율을 살펴보면 20대가 24.5%, 10대가 18.1%로 젊은 층의 증가율이 높았다. 취업이나 진학을 비롯한 미래에 대한 불이익 등을 우려해서, 요양기관을 찾지 않은 젊은 층까지 고려한다면 실제 환자는 이보다 훨씬 많을 것으로 추정된다. 전문가들은 공황장애에는 우울증이 동반되는 경우가 흔하므로, 젊은 층에서 공황장애 환자가 급증하는 현상은 곧 우울증 발병의 증가로도 볼 수 있다고 한다.

초등학교 때부터 오로지 수치로, 점수와 등수로 자신의 현재 위치를 확인해왔던 청년들로서는 혼란에 빠질 수밖에 없는 상황이다. 상위권 학생마저 미래에 대한 불안감에 시달리는 실정이다 보니 중하위권 학생들이 느끼는 불안감은 얼마나 크겠는가. 희망이나 자신감이 있고, 각종 스트레스를 견딜 수 있을 때는 전두엽이 원활하게 돌아가고, 감정을 처리하는 변연계와의 연결성도 활발해서 건강한 삶이 가능하다.

그러나 희망이나 자신감이 사라지고, 감당할 수 없는 스트레스가 지속적으로 밀려들어오면 지독한 피로감을 이기지 못하고 전두엽이 파업 상태에 놓인다. 또한, 변연계와의 연결성이 감소하며 부정적인 감정을 제때 배설하지 못함으로써 우울한 상태가 지속된다.

우울증은 누구나 겪을 수 있는 '마음의 감기'라고 하지만 정신질환의 일종이다. 초기 상태에서는 꾸준한 운동이나 여행만으로도 효과를 볼 수 있다. 그러나 증상이 깊어지면 치료를 청해야 한다.

자살공화국이라는 오명처럼 2019년에도 한국은 OECD 국가 중

자살률 1위를 차지했다. 통계청 발표에 따르면, 2019년 1월부터 2020년 4월까지 16개월간 하루 평균 37.8명이 자살했다. 해당 기간 총 1만 3799명이 자살했고, 10만 명당 자살 사망자는 무려 26.9명에 이르렀다. 자살하는 사람의 7, 80%가 우울증을 앓고 있으며, 우울증 환자의 20%가 자살을 시도한다고 한다.

우울증은 뇌가 병들어 있는 상태다. 건강할 때는 절대 자살을 선택하지 않을 사람도 우울증에 걸리면, 순간적인 충동으로 자살을 선택하기도 한다. 만약 2주 넘게 몸도 마음도 축 처져서 정상이 아닌 것 같다면, 불안에 떨고 있는 나를 돌봐야 할 때다. 귀찮더라도 병원을 찾아가서 전문가에게 도움의 손길을 받아야 한다.

'청춘(靑春)'이란 새싹이 파랗게 돋아나는 봄이라는 뜻이다. 인생에서 가장 아름답고 찬란한 시기라 할 수 있다. 아직 가야 할 길이 멀다.

● ● ●

비록 세상이 추악하게 보이고 삶이 고될지라도,
지금 보고 느끼는 것이 결코 인생의 전부는 아니다.
지금은 죽을 만큼 힘들어도, 머잖아 반드시 좋은 시절이 온다.

변화가 나를
불안하게 할지라도

　대훈은 출근하자마자 사람들이 바글거리고 있는 사내 게시판 앞으로 달려갔다. 보름 전부터 조직개편과 함께 대대적인 인사이동이 있을 거라는 소문이 나돌고 있었다.

　"사장님이 바뀌었어!"

　"국내영업팀과 해외영업팀이 모두 마케팅본부로 흡수됐네!"

　전체적으로 조직이 개편되었다고는 하지만 명칭만 바뀐 곳이 대부분이었다. 가장 큰 변화의 바람은 영업본부가 마케팅본부 산하로 들어간 것이었다. 세밀하게 분리돼 있던 국내영업팀과 해외영업팀이 국내영업부와 해외영업부 둘로 통합되어 마케팅본부 소속으로 바뀌었다.

　대훈은 해외영업3팀에서 구매부로 발령이 나 있었다. 해외영업부

인력을 감축한다는 소문이 돌 때부터 우려했던 일이었다.

'젠장! 어차피 구매부로 보낼 거면서 면담은 왜 해?'

며칠 전에 있었던 팀장과의 면담을 떠올리자 머릿속이 복잡해졌다.

'인사고과 때문일까? 정 과장에게 인사고과를 몰아준다고 했을 때 반대했어야 했나?'

사무실로 올라가자 팀장이 어깨를 두드리며 위로의 말을 건넸다.

"구매부 가서 좀 쉬고 있어. 티오 나는 대로 부를 테니까."

대훈은 순순히 머리를 끄덕였으나 어깨가 무거웠다. 6년 동안 일했던 해외영업부를 떠나서 구매부에서 새로 일을 배워야 하는 처지였다. 과장 승진은 물 건너갔다고 봐야 했다.

'더 늦기 전에 이직할까?'

몇 번을 생각해봤지만 이직에 대한 확신이 서지 않았다. 코로나-19로 해외영업이 중단되다시피 하면서, 이직시장 또한 포화상태였다.

마음이라도 추스르려고 옥상으로 올라가자, 거기도 이미 만원이었다. 삼삼오오 모여서 이야기를 나누는데 다들 초조해 보였다. 대훈은 북악산을 바라보며 길게 심호흡을 했다. 그러나 답답한 가슴이 풀리기는커녕 불안만 점점 더 증폭되었다.

●　　■　　●

뇌는 아무 자극이 없는 지루한 상태를 극도로 싫어한다. 호기심에는 취약이지만 그렇다고 해서 변화를 반기지는 않는다. 변화에는 '위험'이라는 채찍과 '기회'라는 당근이 존재한다. 뇌는 기회보다는 위험에 민감하게 반응한다. 자칫하면 생존을 위협할 수도 있기 때문이다. 뇌가 변화를 받아들이기 위해서는 혁명이 일어나야 한다. 안정적으로 구축돼 있던 신경망이 바뀌어야만 한다. 뇌는 이미 알고 있다. 그 과정에서 상당량의 에너지를 소모해야 하고, 적지 않은 스트레스를 감내해내야 한다는 사실을.

그래서 뇌는 변화 대신 기존 체제를 고집한다. 진보 대신 보수를 선택한다. 새로운 결심이 작심삼일로 끝나는 것도 이 때문이다.

변화에는 '거부할 수 있는 변화'와 '거부할 수 없는 변화'가 있다. 다이어트나 외국어 공부를 해야겠다는 결심 등은 뇌가 거부할 수 있는 변화다. 거부 과정에서 약간의 에너지가 소모되고 스트레스도 따르겠지만 거부하면 그만이다. 하지만 이미 결정이 난 인사이동이나 시대의 변화 등은 거부할 수 없는 변화다. 이를 거부할 경우 정신적으로는 물론이고, 육체적으로도 막대한 대가를 지불해야 한다.

인간의 감정은 타인으로 인해서 상처 입기도 하지만, 스스로 던진 돌에 의해서 상처 입기도 한다. 승진시험에서 떨어졌을 때나 조직개편이나 인사이동 시기에 많은 이가 자책하고, 스스로 던진 돌에 맞아 피와 눈물을 철철 흘린다.

거부할 수 없는 변화는 마인드를 열고 능동적으로 받아들여야 한다. 그래야 스트레스도 줄일 수 있고, 감정적으로도 상처받지 않는다.

일단 변화를 능동적으로 받아들이면 뇌는 최대한 빨리 안정을 찾기 위해서, 그와 관련된 새로운 세포가 자리를 잡을 수 있도록 지원한다. 기존의 뇌 세포가 소멸하고 새로운 뇌 세포가 생성되는 과정에서 새로운 적성을 발견하기도 하고, 예전에는 느끼지 못했던 성취감을 느끼기도 한다.

톨스토이는 "모든 사람이 세상을 변화시키는 것을 생각한다. 하지만 누구도 그 자신을 변화시키는 것은 생각하지 않는다"고 말한다.

●　●　●

세상은 늘 변화한다.
그러나 실질적인 변화는 나로부터 시작된다.

온몸을 던져 도전해야
불안이 사라진다

은수는 벤처회사에서 재무담당자(CFO)로 일하고 있는 학교 선배를 만났다. 대기업 대리로 일하던 그는 2년 전에 동료 두 명과 함께 회사를 나와서, 무인점포 시대에 필요한 자동화 시스템 구축을 목표로 하는 회사를 차렸다.

"벤처의 장점은 성장성과 성취감, 친구 같은 동료들이야. 단점은 대기업에 비하면 연봉이나 복지가 형편없고, 프로세스가 체계화돼 있지 않다는 점이지."

"임직원은 모두 몇 명이에요?"

"현재는 여덟 명이야. 차차 늘려 나가야지."

"월급은 제때 주나요?"

"상여금은 지급할 수 없지만 월급은 꼬박꼬박 챙겨줘. 아직까지는 전체적인 시스템이 투자받은 돈으로 돌아가고 있는 형편이거든."

"영업이익이 흑자로 돌아서기까지는 얼마나 걸릴까요?"

"솔직하게 말하면 나도 정확한 시기는 잘 모르겠어. 지금은 몇 가지 기술적인 문제가 있기도 하고, 특허로 인한 분쟁이 걸림돌이야. 기술책임자 말로는 연말까지 해결할 수 있다는데, 정말로 그렇게만 된다면 내년 하반기에는 흑자도 가능하지. 하지만 그건 우리 바람이지, 뭐."

선배는 솔직하게 자신이 경험했던 벤처회사의 장단점에 대해서 얘기해줬다. 은수는 2시간 가까이 대화를 나누는 동안 벤처에서 일해보는 것도 괜찮겠다는 생각이 들었다. 자신의 가치관이나 성향도 대기업보다는 벤처 쪽이 더 잘 맞았다.

"불안하지는 않아요?"

"결혼해서 가정까지 있는 처지인데, 전혀 불안하지 않다고 하면 거짓말이지. 처음에는 솔직히 많이 불안했어. 지금이라도 발을 뺄까, 하는 생각을 수시로 했지. 그러다 온몸을 던져 일하게 되면서부터는 불안이 사라지더라. 아니, 불안이 사라졌다기보다는 당장 처리해야 할 일들이 머릿속을 가득 채우다 보니, 불안이 들어설 틈이 없는 거지."

"경주마처럼 오로지 앞만 보고 달리는 거네요?"

"뭐, 그런 셈이야! 일이 많기는 하지만 눈앞에 목표가 뚜렷하니까 견딜 만해."

선배와 헤어져서 집으로 가는 길, 은수는 모처럼 가슴이 뜨거워지는 것을 느꼈다. 참으로 오랜만에 느껴보는 감정이었다.

●　●　●

만약 신이 당신에게 "타고난 운명대로 살아가겠느냐, 스스로 운명을 개척해 나가며 살아가겠느냐?"라고 묻는다면 어떻게 대답할 것인가.

현명한 사람이라면 대답하기 전에 신에게 먼저 질문을 던지리라. "나의 타고난 운명은 어떤가요?"라고. 그런 다음 자신의 가치관과 성향을 충분히 고려한 뒤에 선택하리라. 타고난 운명이 좋다면 운명대로 살아도 괜찮지 않겠는가. 하지만 그 운명이 나쁘다면, 힘들더라도 운명을 개척해 나가는 길을 선택할 수밖에 없으리라.

일자리도 바뀌고 있다. 미래학자들은 미래에는 프리랜서가 늘어나면서, 정규직은 줄고 계약직은 늘어날 것으로 전망하고 있다. 또한, 네트워크 플랫폼을 기반으로 하는 일자리가 늘어나서, 학벌보다는 곧바로 일을 추진할 수 있는 개인의 역량을 중시할 거라고 전망한다.

세상은 빠르게 변화하고 있다. 제4차 산업혁명의 진입기라 할 수 있는 현재는 안정을 추구하기보다 일찌감치 다양한 체험을 해보는 편이 여생을 살아 나가는 데 유리할 수 있다. 다양한 프로젝트를 수행하며 개인의 역량을 키우기에는 대기업보다는 벤처기업이 유리하다.

미국의 미래학자 토마스 프레이는 "미래의 일자리 중 60%는 아직 만들어지지도 않았다"고 말한다. 바꿔 말하면 기존의 일자리 중 60%가 사라진다는 의미가 된다.

모든 것이 불확실한 시대다. 분명한 것은 현재 청년이라면, 직장에서 지금 하고 있는 일을 은퇴할 때까지 계속할 가능성은 그리 높지 않다. 최소 두세 가지 직업을 거칠 확률이 높고, 어쩌면 스스로 직업을 만들어서 그 직업에 종사하게 될지도 모른다.

살아가는 동안 직업에 대한 불안이 해소되지 않는다면 불안, 그 자체를 즐겨야 한다. 서핑을 처음 배울 때는 높은 파도가 밀려오고 세찬 바람이 불면 불안하지만, 익숙해지면 산더미 같은 파도와 강한 바람마저 즐기게 된다.

●　　●　　●

불안은 책상에 앉아 머릿속으로 상상할 때 극대화된다.
목표를 정하고 온몸을 던지는 순간, 불안은 흔적도 없이 사라진다.

관점을 바꾸면
불안을 달랠 수 있다

　대훈은 책상 위에 널린 영수증과 전표를 보고 있었다. 절로 한숨이 나왔다. 아무리 구매부에서는 신입이라고 해도 3년 차 대리인데, 계약직이 해야 할 비용처리나 떠넘기다니 해도 너무한다는 생각이 들었다.

　"백 대리, 파주 창고에 가서 F1 재고 좀 정확히 파악해봐. 발주한 지 얼마 안 됐는데 벌써 물량이 소진됐다는 게 말이 돼?"

　"그런 건 재고관리부 업무 아닌가요?"

　그러자 양 과장이 발끈했다.

　"그걸 누가 몰라? 입고 물량이랑 출고 물량이 맞아 떨어지질 않으니까 그렇지. 지난달 반품 물량도 있는데, 아무래도 누락된 것 같아!"

"그건 전화로도 확인이……."

대훈이 반발했지만 양 과장은 묵살한 채 계속 말을 이었다.

"간 김에 다른 물량도 전부 일일이 확인해봐. 재고관리 자동화 프로그램에 의존하는 것도 좋은데 그러다가 믿는 도끼에 발등 찍히는 일도 비일비재하거든."

"전부 다요? 그게 하루에 끝낼 수 있는 일인가요?"

"무슨 일을 책상에 앉아서 처리하려고 해? 가보면 알 거 아냐!"

"예, 알겠습니다."

대훈이 자리에서 일어서자 양 과장이 혼잣말처럼 중얼거렸다.

"시키면 시키는 대로 할 것이지, 대가리만 커서 도대체 배우려는 자세가 안 돼 있어."

대훈은 속에서 뜨거운 것이 끓어올랐지만, 못 들은 척하며 사무실을 나섰다. 누군가에게 구둣발로 호되게 차인 듯 기분이 엉망이었다.

'내가 과연 여기서 버텨낼 수 있을까?'

대훈은 불안한 마음으로 걸음을 옮겼다.

$$\bullet \quad \bullet \quad \bullet$$

업무를 잘 처리하기 위해서는 '유능감'을 잃지 말아야 한다. 일종의 셀프 리더쉽인데, 스스로를 유능하다고 인정함으로써 잠재된 능력을 발휘하여 좋은 결과를 도출해내는 것이다. 유능감을 잃어버리면 자신감이 뚝 떨어지면서 불안해진다. 자신에 대한 믿음도 흔들리고, 동시에 미래에 대한 불확실성이 증폭된다. 이럴 때는 관점을 바꿀 필요가 있다. '유능한 사람'에서 '배우면 유능한 사람'으로 관점을 바꾸면 불안을 잠재울 수 있다.

한 번도 해본 적이 없는데, 처음부터 업무를 척척 해내는 사람이 누가 있겠는가. 인간은 창의성을 지닌 존재지만, 엄밀히 말하면 그 창의성이라는 것도 반복 학습을 통해서 발휘되는 것이다. 무엇이든 배움의 자세로 접근해 나가다 보면 전반적인 프로세스를 파악하게 되고, 머잖아서 나만의 유능감을 찾을 수 있다.

업무 자체가 잡무뿐이어서 일하는 것이 아니라 소진되는 느낌이 든다면, 유능감을 잃지 않기 위해서 '사이드 프로젝트'를 시도해보는 것도 하나의 방법이다. 사이드 프로젝트란, 업무 시간 외에 하는 일종의 '딴짓'인데 종류도 다양하다. 물론, 가장 바람직한 사이드 프로젝트는 경험이나 지식을 쌓아서 자신의 가치를 높이거나 새로운 길을 모색하는 것이다.

하지만 성장이나 미래와 깊은 연관이 없어도 괜찮다. 평소에 해보고 싶었던 일이어도 좋고, 스트레스 해소를 위한 취미 활동이어도 무방하다.

다만, 목표를 정확히 설정하고 데드라인도 있는 것이 효과가 좋다. 그렇게 사이드 프로젝트를 수행해 나가다 보면 잡무로 인한 스트레스를 풀 수 있고, 세상을 보는 시야도 넓어져서, 인생을 살아 나가는 데 있어서 알게 모르게 도움이 된다.

정면으로 부딪쳐봤자 이익이 없을 때는 듣고도 못 들은 척하거나 옆으로 슬쩍 비켜서는 것이 현명한 처세다.

'3년 묵은 재터에서 불이 난다'는 속담이 있다. 불이 날 여건이 전혀 아닌데 불이 나서, 걱정이나 불안이 해소됨을 비유할 때 쓰는 말이다. 살아가다 보면 그 자리에서 우직하게 버텨야 할 때도 있다. 달리 방법을 찾기 전까지는 인내하는 것도 훌륭한 전략이다.

●　　●　　●

지금은 사방을 둘러봐도 출구가 보이지 않겠지만,
현재 처한 상황이 영원히 지속되지는 않는다.
비록 힘들더라도 버티다 보면 계절처럼 상황도 바뀌고, 마음도 바뀔 것이다.

귀가 얇으면 불안하다

은수는 벤처회사 면접을 보았다. 면접관은 재무담당자(CFO)인 선배와 대표이사(CEO), 기술책임자(CTO)였다. 높은 직책과는 달리 교회 오빠들처럼 편안한 표정과 말투여서 긴장하지 않고 면접을 치를 수 있었다.

"회사에서 어떤 일을 하셨나요?"

"우리 회사에 입사한다면 어떤 일을 해보고 싶은가요?"

"우리 회사가 성장하기 위해서는 어떤 점을 보완해야 한다고 생각하나요?"

면접은 마치 친구들과 차를 마시며 토론하듯이 자연스럽게 이루어졌다. 1시간 남짓 면접이 끝나자 '함께 일해보고 싶은 사람들'이라는 생각이 들었고, 입사하고 싶은 욕구가 커졌다.

다음 날 은수는 퇴근길에 선배로부터 전화를 받았다.

"언제부터 출근할 수 있어?"

"저, 합격한 건가요?"

"축하해! 수석 합격이야."

은수는 혼자만 면접을 봤던 사실을 떠올리며 미소를 지었다. 농담인 줄 알면서도 은근히 기분이 좋았다.

"월급은 많이 못 줘. 지난번에 이야기했던 수준이 될 거야. 대신 3년 이상 근무하면 행사할 수 있는 스톡옵션을 주기로 했어. 언제부터 출근 가능해?"

"내일 회사에 가서 알아볼게요."

"늦어도 다음 달 초에는 합류해줬으면 해."

날짜를 계산해보니 20일뿐이 여유가 없었다. 통상적으로는 사직서를 제출하고 나서 30일이 지나면 고용계약이 해지되고, 30일 안에는 수리를 하도록 정해져 있다. 그러나 회사 측에서도 이미 마음이 떠난 사람을 오래 붙들고 있을 이유가 없으므로, 그 안에 수리해주는 것이 일반적인 관습이었다.

"노력해보겠습니다."

전화를 끊고 나니 시원섭섭했다. 막상 그만두려고 하니 첫 직장이라는 생각에 다소 아쉬움이 남았다. 그래도 성장을 위한 최선의 결정이었다.

이직 소식을 전하자 가족들은 펄쩍 뛰었다.

"결혼을 코앞에 둔 나이에 무슨 그런 위험한 모험을 해! 창업도 아니고, 벤처회사 직원으로 들어가겠다고? 나이가 꽉 차서 그나마 들어오는 선 자리도 학벌하고 직장 덕분인데……."

"그래, 언니! 벤처에서 대기업으로 간다면 몰라도, 대기업에서 벤처로 가는 건 아닌 것 같아."

묵묵히 듣고만 있던 아버지도 결국 반대 의사를 표명했다.

"왜 하필이면 벤처야? 그럴 바에는 차라리 공시를 보든지, 공기업에 들어가."

"비록 규모는 작지만 유망한 회사예요. 저도 오랫동안 생각해서 내린 결정이에요. 저를 믿고 지켜봐주세요! 실망시키지 않을게요."

은수는 이직을 시답잖아 하는 가족과 입씨름하다가 방으로 들어갔다. 침대에 눕자 잊고 있었던 불안이 찾아왔다.

'내가 제대로 된 결정을 한 걸까? 일시적인 감정에 치우쳐서 잘못된 판단을 내린 건 아닐까?'

불안한 시간이 지속되자, 다시금 뭉게구름처럼 시꺼먼 어둠이 빠르게 밀려왔고 호흡이 가빠졌다. 은수는 긴장을 풀기 위해서 의사가 가르쳐준 대로 천천히, 깊게 호흡했다.

●　●　●

선택은 여러 가지 중에서 하나를 추리기 위한 과정이라 할 수 있다. 반면, 결정은 선택이 어느 정도 마무리된 단계에서, 자신이 확보한 정보와 취향, 감정 등을 고려해서 최종적인 매듭을 짓는 행위라 할 수 있다. 따라서 결정에는 불안이 따른다.

젊은이들의 행태가 반영된 인터넷 신조어인 '결정장애'는 심리학 용어인 '햄릿증후군'과 유사하다. 결정장애에 시달리는 사람은 항상 '더 나은 최상의 결정이 있지 않을까?' 하는 불안감 때문에 쉽게 결정을 내리지 못한다.

로버트 프로스트의 〈가지 않은 길〉이라는 시처럼, 결정에는 후회가 아예 없을 순 없다. 두 갈래 길 중 어느 길을 결정하더라도 가지 않은 길에 대해서 미련이 남는 것이 인간의 감정이요, 인생이기 때문이다.

인생은 수학이 아니므로 애초부터 정답은 있을 수 없다. 우리는 완벽한 결정을 추구하지만 그것은 이상일 뿐, 그 어디에도 완벽한 결정이란 없다. 완벽한 결정은 대개는 결과에 의해서 판가름 난다. 완벽한 결정을 내리고 싶다면 내 결정이 최선임을 믿고, 노력해서 최상의 결과로 만들어 나가는 수밖에 없다.

미국의 정치인이었던 윌리엄 제닝스 브라이언은 "운명은 우연이 아닌 선택이다. 기다리는 것이 아니라 성취하는 것"이라고 말한다.

내 인생은 '나의 것'이다. 다른 사람의 의견을 경청하고 참고하는

것은 좋지만, 최종 결정만큼은 내가 내려야 한다. 그리고 성취하기
위해 최선을 다하면 된다.

• • •

누군가 귓가에다 달콤한 유혹의 말을 속삭여도, 마음의 중심을
잃지 마라.
풀잎은 세찬 바람에 이리저리 흔들리는 듯 보여도, 뿌리째 흔들
리지는 않는다.

장점에 집중하면
불안을 덜 수 있다

대훈은 새벽에 깨서 다시 잠들지 못했다. 기분도 울적하고 몸은 천 근만근이었다. 다른 사람은 행복한데, 자신의 삶만 불행으로 가득 차 있는 듯했다. 뜬눈으로 누워 있기보다는 기분 전환도 할 겸 고교 졸업생 등산모임에 나갔다. 총산인 데다 40대 이하는 많지 않아서 선배에게 인사하기 바빴다. 괜히 나왔다고 후회하며 터벅터벅 걷다가, 우연히 S전자 인사팀 차장으로 재직하고 있는 선배와 깊은 대화를 나누게 되었다.

"지금은 구매부에서 일한다고? 차라리 잘된 건지도 몰라."

"그게 무슨 뜻이죠?"

"물론 해외영업부도 좋지만 회사의 전반적인 시스템을 파악하기 에는 구매부처럼 좋은 곳도 없어. 업무가 여러 부서와 밀접하게 연결돼 있잖아. 성장하기 위해서는 젊었을 때 여러 부서를 경험해볼 필요가 있어. 한 부서에서만 오래 일하다 보면, 인맥도 좁아지고 자연히 융통성도 떨어지지. 요즘은 융합과 복합이 대세인데, 부서 이기주의에 함몰되면 답도 없어. 그래서 회사에서도 한 분야의 전문가인 I자형 인재보다는 소통과 협력을 중요시하는 T자형 인재를 선호하는 거고. 시대가 바뀐 거지."

구매부로 발령을 좌천으로만 생각하고 있었던 대훈에게는 뜻밖의 조언이었다.

"해외영업부로 복귀할 날만 기다리면서 시간 때우지 말고, 이번 기회에 아예 구매 전문가에 도전해봐."

"구매 전문가요?"

"구매부는 경험을 가장 중시하지만 자격증까지 보유하고 있다면 믿음이 가거든. 해외영업부에서 일했으면 외국어도 좀 하겠네? 거기다 국제공인 관리전문가(CSPM), 보세사, 물류 관리사 같은 자격증까지 갖추고 있다면 금상첨화지!"

산행 중에 나눈 짧은 대화였지만 대훈은 많은 것을 깨달을 수 있었다. 그중 하나는 자신이 어느 순간부터 장점은 외면하고 단점만 바라보고 있었다는 사실이었다. 새로 얻은 먹음직스러운 사과를 방치한 채, 울면서 잃어버린 사과를 찾고 있는 어린아이와 다를 바 없었다.

대훈은 집에 도착하자마자 구매 관련 자격증에 대해서 알아보았고, 선배의 조언대로 구매 전문가가 되기로 결심했다. 그는 회사에서 가까운 학원 사이트에 들어가서 강의 스케줄을 찾아보았다.

산행을 했음에도 불구하고 물먹은 솜 같던 몸이 새털처럼 가볍게 느껴졌고, 먹빛으로 깜깜하던 삶은 은색으로 찬란하게 빛나기 시작했다.

· · ·

세상 모든 일은 다면체로 이루어져 있다. 똑같은 일을 당해도 어떤 이들은 그 속에서 행복을 발견하고, 어떤 이들은 불행만을 찾아낸다. 어떤 이들은 그 일로 인해 파생될 수 있는 수많은 것 중에서 단점을 긁어모으고, 어떤 이들은 장점을 긁어모은다.

경제협력기구(OECD)의 '더 나은 삶 연구소'에서 발간한 〈2020년 삶의 질 보고서〉에서 한국인의 삶의 만족도는, 37개 OECD 회원국과 4개의 협력국까지 해서 총 41개국 중 32위를 차지했다. 다방면의 데이터를 종합해서 '삶의 질'을 분석했는데 그 항목은 다음과 같다. 소득과 부, 주택, 일과 직업의 질, 일과 삶의 균형, 건강, 지식과 기술, 환경의 질, 주관적 만족도, 안전, 사회적 관계, 시민 참여 총 11가지였다.

조사 결과를 보면 한국은 계층별, 남녀간, 세대간, 교육수준별 불평등이 OECD 평균 수치 비해 심한 것으로 나타났다. 또한, 사회적 관계 단절과 신뢰 부족 문제도 심각했고, 삶의 주관적 만족도 또한 매우 낮아서, 한국인이 스스로 매긴 점수는 10점 만점에 평균 6.1점에 불과했다.

한국인이 삶의 만족도가 낮은 이유로는 빈부 격차, 치열한 경쟁, 타인에 대한 지나친 의식 등을 들 수 있다. 빈부 격차가 심한 데다 사회 전반에 걸쳐서 경쟁이 심화되는 양상을 띠고 있어 '나의 행복'보다는 '상대적 행복'에 민감하게 반응한다. 즉, 내가 지닌 장점에 집중하며 살아가기보다는 상대적인 단점을 의식하며 살아가는 것이다.

예를 들면, 40명이 정원인 반에서 10등을 했다면 앞의 9명보다 성적이 저조하다는 사실에 슬퍼하고, 24평 아파트에서 살고 있다면 32평 아파트에 살고 있는 친구를 부러워하고, 충분히 예쁜데 다른 사람보다 살쪘다는 사실에 열등감을 느끼고, 학벌은 나쁘지만 건장한 몸을 지니고 있어도 나쁜 학벌에 집착한다.

긍정 심리학에 따르면, 행복의 50%는 유전에 의해서, 10%는 상황에 의해서, 나머지 40%는 개인의 선택과 결정으로 이루어진다고 한다. 이 수치는 심리적 실험을 통한 것이기는 하지만, 사람마다 경우가 다르므로 정확한 수치라고 보기는 어렵다. 그래도 한 가지 분명한 것은 같은 사건이라 하더라도, 장점을 보려고 노력하는 사람이 단점을 보려고 노력하는 사람보다는 훨씬 더 행복한 삶을 살아간다는 것이다.

인생에는 크고 작은, 수많은 사건이 찾아온다. 설령 지금은 하나의 사건으로 인해서 더없이 불행하게 느껴진다고 해도, 이내 그 사건은 과거가 되고 새로운 사건과 마주하게 된다. 어차피 시간과 함께 흘러갈 사건인데, 그 사건이 파생시킨 행복과 불행 중에서 불행에만 집착하는 건 어리석은 짓이다.

프랑스의 작가이자 모럴리스트인 라 로슈푸코 공작은 "현명한 사람은 큰 불행도 작게 처리하는 반면, 어리석은 사람은 작은 불행도 현미경으로 확대하여 스스로 큰 고민 속에 빠진다"고 말한다.

● ● ●

안정적이고 행복한 삶을 살고 싶다면 단점보다는 장점에 집중하는 습관을 길러야 한다.

그 작은 습관이 불안한 삶에 안정을 찾아줌은 물론이고, 성공으로 가는 지름길로 안내한다.

모두가 불안한 사람들

직장인이란 한 번쯤은 사직서를 원수 같은 상사의 면전에 내던지는 상상을 한다. 그러나 막상 사직서를 내야 할 때가 되면 생각이 복잡해진다. 언제, 어디에서 다시 마주치게 될지도 모르는데 그렇게 했다가 후폭풍이 생길까봐 걱정한다.

은수는 일신상의 사유로 사직한다는 판에 박은 듯한 사직서를 써서 팀장에게 내밀었다. 팀장은 사직서를 받아드는 순간, 멈칫하더니 곧바로 봉투를 열어 꺼내 읽었다. 그리고 사직서를 봉투에 다시 넣고는 자리에서 일어났다.

"따라와."

은수는 팀장을 따라서 회의실로 들어갔다.

"내가 그동안 바쁘다 보니 은수 씨한테 좀 소홀했던 것 같아. 그렇다고 해서 힘들게 들어온 회사를 이런 식으로 떠나면 되겠어?"

하고 싶은 말은 많았지만 은수는 잠시 갈등하다 가장 무난한 대답을 선택했다.

"여러 번 생각해봤지만 제가 있을 자리가 아닌 것 같습니다."

"은수 씨는 자기 입장에서만 생각해서 그래. 팀장이란 말 그대로 팀을 이끌어 나가는 사람이야. 팀장이 잘못을 시인한다는 것은 팀 전부가 잘못된 방향으로 가고 있음을 시인하는 꼴이라고. 팀원 한 명의 잘못으로 끝날 일을 굳이 팀 전체의 잘못으로 끌고 갈 이유는 없잖아?"

팀장도 내내 마음에 걸렸는지 보고서 건을 돌려서 말했다.

"팀장이라면 팀원을 보호해야 하고, 자신의 잘못을 솔직히 인정할 줄도 알아야 한다고 생각합니다."

"물론 그렇지! 일개 사원의 입장에서 보면 팀장이 대단해 보이겠지만 회사의 전체적인 입장에서 보면 팀장 또한 하잘것없는 존재야. 언제든지 대체 가능한 존재라고! 상사의 눈치도 봐야 하고, 부하직원의 불평불만에도 귀를 기울여야 하지. 그러다 보면 생존하기 위해 독선적으로 일처리를 해야 할 때도 있어. 무슨 사사로운 감정이 있어서 그러는 건 아냐."

은수는 팀장의 눈동자에서 처음으로 불안을 발견했다. 그 역시 가정을 꾸려 나가기 위해서 높은 사람의 눈치를 봐야 하는 일개 사무직 노동자에 불과했다.

'똑같은 노동자인데 왜 그토록 절 괴롭혔나요? 나이도 먹을 만큼 먹은 분이.'

은수는 입안에 맴도는 말을 애써 삼키며 미소를 지었다. 팀장은 은수의 마음을 돌리기 위해서 구차한 변명을 늘어놓았다. 문득, 은수는 이쯤에서 팀장을 용서해줘야겠다는 생각이 들었다. 팀장을 위해서가 아니라 앞으로 자신이 살아가야 할 날들을 위해서. 걸리적거리는 마음의 덫을 치워버리기 위해서.

● ● ●

인간은 누구나 불안을 안고 살아간다.

생존이나 안전에 대한 기본적인 불안, 결정에 대한 불안, 불확실성에서 오는 불안 등 종류도 다양하다. 사회적으로 성공하는 부류는 불안한 감정을 잊고 사는 것이 아니라, 불안한 감정을 적절히 조절하며 살아간다.

"왕관을 쓰려는 자, 그 무게를 견뎌라"라는 말이 있다. 셰익스피어의 역사극인 〈헨리 4세〉를 드라마화하면서 극중 대사를 살짝 변형해 부제로 사용했는데, 많은 이의 공감을 자아내면서 유명해졌다.

지위가 올라가면 권한이 늘어나지만 그만큼 책임과 불안도 함께 따른다. 더 높은 자리로 올라가지 못할지도 모른다는 불안, 그 자리를 다른 사람에게 빼앗길지도 모른다는 불안, 밑으로 끝없이 추락할지도 모른다는 불안 등…… 불안이 심화되면 극심한 스트레스로 인해서 건강을 해치기도 한다.

그렇다면 왕관을 쓰지 않는 자는 불안하지 않은가? 그렇지도 않다. 종류는 다르지만 또 다른 불안이 기다리고 있다.

불안은 불확실성에 뿌리를 내리고 있다. 미래가 어떻게 펼쳐질지 예측할 수 없는 상황일수록 불안감은 증폭된다. 따라서 자욱한 안개처럼 한 치 앞도 내다볼 수 없는 불확실한 미래를, 좀 더 가까이 다가가서 바라보려는 노력만으로도 불안은 줄어든다.

예를 들어, 갑자기 실직해서 경제적으로 불안한 상황이라면, 내가 가진 돈으로 몇 달을 버틸 수 있는지를 수치화해서 계산해본다. 그런 다음 그 안에 취업을 하기 위한 구체적인 계획을 짜보고, 만약 취업에 실패했을 때의 대책도 미리 마련해놓는다. 물론, 머릿속으로만 생각하기보다는 기록을 통해서 객관적으로 바라보는 편이 훨씬 더 효과적이다.

이렇게 해도 이전의 삶과 크게 달라질 것은 없다. 그러나 불확실한 미래를 구체화하려는 작은 노력만으로도 불안한 감정을 대폭 해소할 수 있다.

철학자이자 작가인 알랭 드 보통은 이렇게 조언한다.

"불안에서 벗어나는 가장 좋은 방법은, 지금 이 순간의 좋은 일에 감사하는 것이다. 모든 것은 끝이 있고, 모든 것은 사라진다는 것을 알아차려야 한다. 규칙적으로, 의도적으로 잠깐씩 멈춰 서서 그 사실을 즐길 줄 알아야 한다."

불확실한 미래는 어떤 식으로든 다가온다. 그래서 불안하다면 미래에 대한 대비책을 세워놓고, 순간의 즐거움을 만끽하라.

●　●　●

한 번뿐인 청춘을 불안 속에서 흘려보내기는 아깝지 않은가.

찬란하지 않은 청춘에게

대훈은 사무실에 늦게까지 남아서 일했다. 회사에서는 정시퇴근을 권장하고 있지만 유럽과의 시차 때문에 어쩔 수 없는 선택이었다.

갑자기 제품 판매가 급증하는 바람에 원부자재 재고가 얼마 남지 않았다. 발주서를 작성해서 결재를 받고, 발주서를 발송한 뒤 납기 일정을 확인하기 위해 협력업체 담당자와 통화까지 마치고 나니, 저녁 9시가 지나 있었다.

휴대폰을 켜자 SNS에 지인들의 소식이 올라와 있었다. 대충 훑어보는데, '다들 신나게 즐기는 불금인데 이 시간까지 회사에 남아서 뭐 하고 있는 거지?'라는 생각이 들었다. 갑자기 피로가 몰려오는 것 같았다.

대훈은 노트북에 써 오던 일기장 파일을 열어 '청춘의 강을 건너고 있는 그대에게'라고 썼다. 깜빡이는 커서를 잠시 바라보다 편지를 쓰기 시작했다.

어느덧 30대 중반이 되었구나.

가끔씩 고등학교를 졸업하던 해에 친구들과 대관령으로 떠났던 겨울여행이 떠오른다. 눈 덮인 설원에서 꿈꾸었던 청춘은 아름답고 찬란했지.

그 뒤로 긴 세월이 흘렀지만 나는 여전히 미숙하고 불안해. 청춘은 인생에서 가장 아름다운 시기라는데 솔직히 잘 모르겠어.

영화나 드라마처럼 운명적인 사랑을 만나 달콤한 결혼을 꿈꾸었지만 그건 그냥 꿈일 뿐, 냉혹한 현실과 미래에 대한 불안 때문인지, 언제부터인가 연애조차 부담스러워.

하늘 높은지 모르고 뛰어오르는 집값이나 전세가를 보고 있으면, 결혼이라는 것 자체가 뛰어넘을 수 없는 벽처럼 느껴지기도 해. 내가 더 열심히 일하고 더 아껴 쓴다고 해서, 해결할 수 없는 문제라는 사실이 슬퍼.

그래도 세상은 어떻게든 살아가게 돼 있으니까 나도 언젠가는 사랑하는 사람을 만나서 결혼하고, 아이들의 아빠가 되겠지. 그날들이 너무 멀리 있지 않기만을 바랄 뿐.

대훈아, 찬란한 청춘은 아니어도 너를 응원해.

미래가 어떻게 펼쳐질지 모르겠지만 너무 불안해하지 않았으면 해.

지금은 작고 보잘것없는 묘목일지라도 정직하게 하루하루 살아가다 보면, 언젠가는 그것들이 밑거름이 되어서 아름드리나무로 자랄 거야.

훗날 그 그늘 아래서, 수많은 사람이 쉬어갈 거라고 믿어.

힘내자!

● ● ●

숲속에 있을 때는 숲의 전체적인 모습을 볼 수 없다. 숲을 벗어나야만 비로소 숲을 감상할 수 있다. 청춘 또한 마찬가지다. 청춘의 시기에는 소중함을 모른다. 주변에 가진 것도 많고 잘난 인간들도 많아서 자신을 제대로 보지 못한다. 콤플렉스 때문에 힘겹고, 공부도 해야 하고, 동시에 아르바이트도 해야 해서 고달프기만 한 날들인데, 왜 아름답다고 하는지 이해할 수 없다. 사람들은 왜 청춘이 아름답다고 하는 걸까?

30대까지는 계절로 치면 봄이다. 인생이라는 밭에 씨를 뿌리는 시기다. 수확을 해서 현재를 즐기며 살아가는 시간이 아니라 미래에 투자하는 시간이다.

러시아 작가 니콜라이 고골리는 "청춘이 아름다운 것은 단지 젊기 때문이 아니라 그들 앞에 무한한 가능성이 놓여 있기 때문"이라고 말한다. 소설가 민태원은 『청춘예찬』에서 "이성은 투명하되 얼음과 같으며, 지혜는 날카로우나 갑 속에 든 칼"이라고 노래한다.

한때 전 국민을 옛 향수에 젖게 했던 드라마 〈응답하라 1988〉에서는 청춘에 대해서 이렇게 말한다.

"시간은 기어코 흐른다. 모든 것은 기어코 지나가버리고 기어코 나이 들어간다. 청춘이 아름다운 이유는 아마도 그 때문일 것이다. 찰나의 순간에 눈부시게 반짝거리고는 다신 돌아올 수 없기 때문일 것이다."

가능성으로 가득 차 있던, 눈부시게 반짝거리던 생기발랄한 청춘도 언젠가는 지나간다. 열등감에 시달리면서, 남들보다 뒤처져 있을지도 모른다는 두려움과 예측할 수 없는 미래에 대한 불안으로 잠못 들고 뒤척이는 사이에.

현대사회의 특징 중 하나는 정보가 열려 있다는 사실이다. 중세처럼 신분사회도 아닌데, 서민에게 '금수저'나 '건물주'는 '뱁새가 황새걸음을 하면 가랑이 찢어진다'는 속담처럼 도무지 넘을 수 없는 벽같다. 꿈을 갖고 도전하지만 현실을 자각하는 순간, 맥이 풀린다. 그래서 '힐링', '소확행', '웰빙', '욜로' 등 저마다의 방식으로 힘겨운 현실을 이겨내고자 한다. 청춘은 '너와 나, 우리'를 하나로 묶어주지만 추상적이고, 인생은 구체적인 데다 나만의 것이기 때문에.

청춘이 불안한 이유 중 하나는 경험은 미천한데 각자 스스로의 힘으로 미래를 개척해 나가야 하기 때문이다. 봄날의 풍경이 아무리 아름다운들 무슨 소용이겠는가. 주변을 둘러볼 마음의 여유가 없는데.

하지만 그래도 가끔은 멈춰 서서 주변을 둘러보아야 한다. 청춘의 강은 한 번 건넌 후에는 다시는 돌아갈 수 없다.

● ● ●

힘들더라도 순간의 소중함마저 망각하지는 말아야 한다.

불안의 끝은 시작

은수는 새벽 6시에 눈을 떴다. 운동화 끈을 단단히 매고 밖으로 나가 조깅을 했다. 바람이 차기는 했지만 봄이 지척에 다가와 있음을 느낄 수 있었다. 근린공원에서 스트레칭을 하고 집으로 향하다 보니 해가 떠올랐다.

샤워를 한 후에 간단하게 아침을 먹고, 설레는 마음으로 출근을 했다. 오늘이 이직한 회사에 첫 출근하는 날이었다. 문득, 전에 다니던 회사에 비해 출근 시간이 10분 정도 빨라졌다는 사실을 발견했고, 기분이 좋아졌다.

"오은수 대리입니다. 잘 부탁드립니다!"

은수는 임직원들과 일일이 인사를 나눴다. 하나같이 미소로 따뜻하게 반겨주었다.

"자리는 여기에요. 본격적인 업무를 보기 전에 먼저 우리 회사에 대해서 심도 있게 공부를 하세요."

CEO가 안내해준 책상에는 두터운 파일이 산처럼 쌓여 있었다. 은수는 커피를 한 잔 타 와서 자리에 앉았다. 다이어리를 펼친 뒤 같은 실수를 반복하지 않기 위해서, 예전 직장에서 깨달았던 점을 적어 나갔다.

하나, 인간관계로 인한 불화는 가급적 그날에 해결한다.

둘, 업무는 회사를 나서는 순간, 잊어버린다.

셋, 현재에 충실하되, 미래에 대한 고민은 매월 넷째 주 토요일에 몰아서 한다.

넷, 변화는 최대한 담담하게 받아들인다.

은수는 다이어리를 덮고 회사 관련 자료를 읽어 나갔다. 궁금한 점이나 개선되어야 할 점 등을 메모하면서 정신없이 읽고 있는데, 누군가 어깨를 툭 쳤다.

돌아보니 아침에 처음 인사를 나눈 박 대리였다.

"오 대리, 밥 먹고 합시다!"

외근을 나간 직원 두 명을 제외하고, 다 함께 인근 식당으로 몰려갔다. 잡담을 나누며 한창 식사를 하고 있는데 카톡이 왔다. 뭔가 싶어서 들여다보니 전 직장의 백 대리였다.

'첫 출근 축하! 이번 주 토요일에 같이 점심 먹을래요?'

은수는 무릎 꿇고 꽃다발을 정중하게 건네는, 움직이는 이모티콘을 계속 바라보았다. 왠지 모르게 자꾸만 웃음이 나왔다.

● ● ●

세상은 끝없이 변화하면서 강물처럼 흘러간다. 청춘은 변화를 거부하거나 두려워해서는 안 된다. 거부나 두려움은 상상력을 극대화시켜서 불안을 증폭시킨다. 살아가다 보면 결과가 기대에 미치지 못할 때가 있다. 그 순간 실망하게 되고, 실망은 이내 미래에 대한 불안을 불러온다. 그럴 때일수록 자존감을 잃지 말고, 낙관적인 시선을 유지할 필요가 있다.

중요한 것은 작은 것을 버려야 큰 세계로 간다는 사실이다. 개울물이 흘러서 강물이 되고, 강물은 흘러서 바다로 간다. 강물이 바다로 가는 길이라고 해서 계속 넓어지는 것은 아니다. 개울물일 때처럼 때로는 협소한 곳을 지나가기도 한다.

세상일이 뜻대로 안 된다고 해서, 좋은 자리에서 물러났다고 해서 일희일비하지 마라. 더 넓고 큰 세상으로 가기 위한 과정에 있음을 스스로 믿어야 한다.

청춘은 변화에 능동적으로 대처할 필요가 있다. 도전해보고 싶은

것이 있다면 기꺼이 몸을 던져라. 불안은 뛰어내릴까, 뛰어내리지 말까 망설일 때 극대화된다. 불안의 끝은 시작이다. 막상 그 속에 몸을 던지고 나면 불안은 씻은 듯이 사라진다.

또, 불안은 상상력의 힘을 빌려서 실체를 부풀리는 경향이 있다. 막연하게 생각만 할 것이 아니라 실체를 확인하기 위한 노력을 기울여보자. 무엇을 할 수 있는지, 할 수 없는지 분명해지면 불안은 작아진다. 그렇게 자신의 능력에 대한 확신을 갖게 되면 그 어떤 불안도 어렵지 않게 다스릴 수 있다.

청춘의 불안은 오래전부터 존재해왔다. 그러나 현시대를 살아가는 청춘의 불안은 그 어느 때보다 증폭되었다. 사회구조의 변화로 양질의 일자리가 줄어들며 경쟁은 한층 치열해졌다. 지난 시대와는 달리 공부한 것만큼의 보상, 노력한 만큼의 결과가 주어지지 않는 사회가 되었다. 평등한 세상을 부르짖지만 빈부 격차는 점점 커져만 가고, 상대적인 소외감은 깊어만 간다.

그 누구도 미래에 대해 낙관할 수 없을 만큼 불안한 사회지만 그래도 슬기롭게 헤쳐 나갈 방법을 찾아야 한다.

디오도어 루빈은 이렇게 충고한다.

"만약 지금 현재의 상황을 탐탁지 않게 여긴다면 조바심을 내거나 걱정하기보다는 그 상태를 벗어나기 위한 할 수 있는 조치를 취할 일이다. 되도록 걱정은 적게 하고 행동은 많이 하라."

●　●　●

어쨌든 인생은 계속되고, 젊은 날은 그렇게 흘러간다.

부디 헛되이 흘려보내는 청춘은 아니기를.

청춘은 불안해도 사랑은 계속된다

지혜는 카페에서 휴대폰으로, 서울시 9급 공무원 일반행정직에 최종적으로 합격했음을 확인했다. 필기 점수가 커트라인보다 살짝 낮아서, 면접에서 떨어지면 어떡하나 내심 마음을 졸였던 터라 말로 표현할 수 없이 기뻤다. 만 5년 만에 이룬 쾌거였다. 수많은 생각이 머릿속을 스쳐 지나갔다. 일단 흥분을 가라앉히고 가족과 성진에게 합격 소식을 전했다.

아버지는 "축하한다! 그동안 고생 많았다"며 담담한 척 말을 건넸지만 마음이 벅찬지 목소리가 살짝 떨렸다. 어머니는 울음을 터뜨렸고, 남동생은 환호성을 내질렀다. 성진은 "축하해! 난 네가 꼭 해낼 줄 알았어!"라는 말을 연신 남발했다. 카페를 나와서 거리를 걷다 보니, 갑자기 눈물이 후두두 쏟아졌다. 엉엉 울어버릴 것 같아 얼른 참아보려 애썼지만 쏟아지는 눈물을 제어할 수 없었다.

용감한 척, 아무렇지도 않은 척하며 살아온 5년이었다. 그동안 마음을 비운다고 비웠는데, 쌓여 있던 것이 많았는지 눈물은 좀처럼 그치지 않았다.

지혜는 알고 있었다. 힘든 순간마다, 포기하고 싶을 때마다 "괜찮아, 괜찮아!"하면서 자신을 토닥거렸지만 실상은 괜찮지 않았다는 것을. 그것들은 강 하구에 쌓인 모래톱처럼 자신을 한없이 불안하게 했고, 한없이 초라하게 만들었다.

얼마나 울었던 걸까. 시험을 준비하는 동안 참고 참았던 눈물을 모두 쏟아내고 나자 세상이 달리 보였다. 유화처럼 묵직하던 세상이 수채화처럼 가볍고 투명하게 느껴졌다.

성진은 지혜의 공무원시험 합격 파티에 갔다가 마음만 더 무거워졌다. 가까이서 고생하는 모습을 봐왔기에 누구보다 진심으로 축하해주고 싶었는데, 그것조차 뜻대로 되지 않아서 속이 상했다. 좋아라 하는 지혜 앞에 서면 자꾸만 자신의 초라한 모습이 보였기 때문이었다. '지혜가 시험에 합격할 동안, 나는 도대체 뭘 했던 걸까?'라는 생각이 내내 머릿속을 맴돌았다. 만취해서 집으로 돌아온 성진은 옹졸하고 지질한 자신을 욕하다 끝내 울음을 터뜨렸다.

성진은 오전에는 PC방에서, 오후에는 바이크를 타고 배달 아르바이트를 하며 틈틈이 이력서를 썼다. 눈높이를 낮춰도 서류통과 비율은 5%도 채 되지 않았다. 포기하고 싶지만 평생 아르바이트만 하며 살 수는 없는 노릇이었다. 포기 또한 쉽지 않았다.

그러면서 지혜와는 점점 연락이 뜸해졌다. 바쁘기도 했지만 지혜 앞에 서기가 부끄러워서 피하는 사이, 계절이 두 번이나 바뀌었다.

"오빠, 뭐 해? 집 앞이야 나와."

토요일 아침, 성진은 지혜의 전화를 받았다. 트레이닝복 차림으로 나가자 지혜가 쇼핑백을 내밀었다.

"뭐야?"

"첫 월급 탔어."

쇼핑백에 든 물건을 꺼내보니 옷이었다. 갑자기 웬 스웨터지 싶었는데, 기억이 났다. 지난해 재열의 공무원시험 합격 파티에서 만취한 지혜를 집으로 데려다주다가 토사물을 닦아주는 바람에 버려야 했던 스웨터였다.

"이거 진품이네! 내 건 짝퉁이었는데."

"그것도 짝퉁이야."

지혜가 재밌는지 헤헤거리며 웃었다.

"고마워! 잘 입을게."

"오빠, 고맙다는 말 진심이야?"

"응."

"그럼 말로 때우지 말고, 오빠도 나에게 선물을 해."

"뭐 갖고 싶은데?"

"꽃다발! 그리고……."

"그리고 뭐?"

"반지!"

"반지? 무슨 반지?"

"오빠! 이상한 상상하지 말고, 취직해서 첫 월급 타면 꽃다발하고 반지 하나만 사줘."

"그래? 갑자기 취업욕구가 막 솟구치네?"

그 순간 휙 하고 바람이 휘몰아쳤다.

"아, 춥다!"

한차례 몸을 바르르 떨던 지혜가 꼭 팔짱을 껴왔다. 성진은 느낄 수 있었다. 아직은 바람이 차지만 멀리서 봄이 서서히 다가오고 있음을.

지혜를 내려다보고 있으니 문득, 이성부 시인의 〈봄〉이라는 시가 생각났다.

'……더디게 더디게 마침내 올 것이 온다/ 너를 보면 눈부셔/ 일어나 맞이할 수가 없다/ 입을 열어 외치지만 소리는 굳어/ 나는 아무것

도 미리 알릴 수가 없다/ 가까스로 두 팔을 벌려 껴안아보는/ 너, 먼 데서 이기고 돌아온 사람아…….'

성진은 두 팔을 벌려서 지혜를 꼭 끌어안았다. 까닭 모를 눈물이 핑 돌았다.

소중하고 대견해서,

사랑해서.

불안해 보여서 불안한 당신에게

초판 1쇄 인쇄 2021년 8월 11일
초판 1쇄 발행 2021년 8월 25일

지은이 | 한창욱
펴낸이 | 김의수
펴낸곳 | 레몬북스(제396-2011-000158호)
주 소 | 경기도 고양시 일산서구 중앙로 1455 대우시티프라자 802호
전 화 | 070-8886-8767
팩 스 | (031) 955-1580
이메일 | kus7777@hanmail.net

ISBN 979-11-91107-16-6 (03190)